ATAQUE A LA CIVILIZACIÓN

11 DE SEPTIEMBRE DE 2001, Y MÁS ALLÁ

Ataque a la Civilización

11 de septiembre de 2001, y más allá

Una perspectiva astrológica

Editado por la
Dra. Stephanie J. Clement

Grupo Editorial Tomo, S. A. de C. V.
Nicolás San Juan 1043
03100 México, D. F.

1a. edición, abril 2002.

Traducción de: "*Civilization Under Attack*"

Publicado por Llewellyn Publications
St. Paul, MN 55164 USA

Nicolás San Juan 1043, Col. Del Valle
03100 México, D. F.
Tels. 5575-6615, 5575-8701 y 5575-0186
Fax. 5575-6695
http://www.grupotomo.com.mx
ISBN: 970-666-491-2
Miembro de la Cámara Nacional
de la Industria Editorial No. 2961

Traducción: Graciela Frisbie
Diseño de Portada: Luis Rutiaga
Diseño y Formación Tipográfica: Luis Rutiaga
Supervisor de producción: Leonardo Figueroa

Impreso en México - *Printed in Mexico*

Dedicado al
Espíritu de América

Expresamos nuestro agradecimiento a la Astrology House Auckland por producir los AstroMaps [mapas astrales] del software de astrología Janus. Para mayor información sobre AstroMaps y Janus, por favor visite www.astrologyware.com

Contenido

Prefacio

STEPHANIE CLEMENT

Los periódicos, la televisión, la radio y la Internet han proporcionado información y análisis desde que ocurrieron los sucesos del 11 de septiembre de 2001. Pero hay momentos en que todos queremos encontrar el significado más profundo que está detrás de los sucesos. Queremos comprender el "por qué" de las cosas que nos pasan y que pasan a nuestro alrededor.

Es nuestra intención ofrecer una perspectiva diferente sobre los sucesos, las personas y las decisiones que llevaron a los ataques, y en el proceso, esperamos responder a algunas preguntas que han surgido a partir del 11 de septiembre. Reconocemos que nuestros lectores son personas inteligentes y prudentes de diferentes países del mundo, y que entienden que existen limitaciones en la información que los medios pueden proporcionar en los periodos de dos o tres minutos en que se transmite un reporte por radio o televisión.

Por esa razón, Llewellyn pidió a un grupo de astrólogos profesionales que exploraran los indicadores que pudieron haber pronosticado el ataque, que compartieran sus conocimientos y que ofrecieran respuestas razonables a algunas de las preguntas que enfrentamos. Estas personas han estudiado profundamente la ciencia de la astrología. Su experiencia es en promedio de treinta años de estudio en diferentes áreas del campo de la astrología. Nuestro objetivo es interpretar la astrología de las personas y de los tiempos, mediante ejemplos históricos, y cuando sea apropiado, sucesos actuales, con el fin de crear un contexto para nuestros lectores, y así propiciar una mejor comprensión.

Hemos evitado el uso de términos astrológicos siempre que fue posible, pero para quienes desean más, la información astrológica se ha incluido en notas a pie de página. Los cálculos astrológicos que se usaron al escribir este libro son producto de complejos programas computarizados, y su precisión se ha verificado cuidadosamente. Cuando no se conoce con precisión el momento del nacimiento de una persona o el momento en que ocurrieron sucesos de importancia, hemos incluido explicaciones respecto a la razón por la que se eligió cierta carta o época.

Llewellyn y los autores han presentado información basada en hechos y una visión astrológica del significado más extenso de los hechos. Esta tragedia marca un momento crucial en nuestra vida y en nuestra historia.

En los primeros momentos del siglo XXI, buscamos una mayor comprensión de las necesidades de nuestro planeta, la Tierra, y de sus habitantes.

Introducción

STEPHANIE CLEMENT

El 11 de septiembre de 2001, cuatro aviones secuestrados de vuelos comerciales se estrellaron en tres objetivos (el cuarto se estrelló en una zona rural de Pennsylvania). Con base en la hora en que despegó el primer avión que fue secuestrado, el vuelo 11 de American Air Lines, a las 7:58 de la mañana, los astrólogos pueden identificar varios factores importantes respecto a los sucesos y a las personas involucradas en ellos. Ver la figura 1 en la página 301. Al estudiar la ubicación de los planetas en la carta del suceso y el simbolismo de los diversos planetas, podemos discernir lo siguiente:

- Los secuestradores tenían una necesidad obsesiva de llevar a cabo sus misiones;
- El origen de los secuestradores y sus líderes;
- Las razones de que los terroristas eligieran atacar al World Trade Center;

- Las razones de que los dos segundos aviones no hayan cumplido su misión;
- Hubo un poder inmenso detrás de los ataques;
- Los secuestradores tuvieron una pequeña ventana de oportunidad que pasó; y
- Habrá consecuencias para los terroristas.

Imagina, si puedes, la mente de un secuestrador. Había planeado llevar a cabo esta misión para su organización durante meses, o tal vez años. Se estudiaron los horarios de las aerolíneas, y se tuvo gran cuidado en mantener secreto el plan. El secuestrador tenía una misión religiosa y creía que entraría al cielo en el momento en que el avión se estrellara, pues su misión era sagrada. Estaba obsesionado con esta misión; tenía que estarlo, de lo contrario habría titubeado y fracasado.[1] En los últimos minutos antes de su propia muerte, es casi seguro que dijo sus últimas oraciones.

Al observar los aspectos planetarios de Plutón en Sagitario y de Saturno en Géminis, los astrólogos pueden identificar a los terroristas y su obsesión religiosa. Estos dos planetas representan muchos otros aspectos de los trágicos sucesos, y también hablaremos de ellos en este libro.

---

1. La relación (aspecto) astrológica más cercana en esta carta era entre la Luna y Plutón. Estaban exactamente a 165 grados de distancia en el firmamento. En un minuto, el aspecto estuvo completo, y los dos astros empezaron a separarse.

También sospechamos que unos minutos después de que despegara el Vuelo 175, la intensidad de la obsesión de los terroristas empezó a debilitarse. Los secuestradores tuvieron tiempo para pensar, el impulso inicial de adrenalina empezó a debilitarse, y con cada minuto que pasaba la intensa concentración de los secuestradores empezó a hacerse difusa. Vemos esto representado en el hecho de que la relación entre la Luna y Plutón cambió de manera inmediata.

Los planetas no se movieron hacia delante una distancia apreciable en el zodiaco durante el tiempo que pasó entre el primer y el segundo ataque a las torres gemelas. Lo que sí cambió, sin embargo, fue la relación astrológica de la Luna y Plutón con el punto más alto de la carta, el Midheaven (nombre que dan los astrólogos a la parte del zodiaco que está más alta en el firmamento en un momento en particular). Para cuando ocurrió el segundo ataque, Marte estaba en el aspecto más cercano con el Midheaven. Ese aspecto fue exacto sólo segundos antes de que el primer avión se estrellara contra la Torre Norte del World Trade Center.[2] Desde el punto de vista astrológico, esta combinación indica una condición de concentración obsesiva en la energía que se estaba usando.

2. La relación (aspecto) astrológica más cercana en la carta era entre Marte y el Midheaven (la parte del zodiaco que estaba más alta en el firmamento en ese momento). Marte y el Midheaven estaban exactamente a una distancia de 165 grados en el firmamento.

También incorpora pensamientos sobre las metas de la carrera de una persona. Finalmente, incluye la confianza que tenemos cuando estamos haciendo algo que nos apasiona.

La inmensa energía que hubo detrás de los ataques vino de dos fuentes. La primera fuente fue el celo religioso de los terroristas. La segunda, y la más poderosa, fuerza de energía fue la aeronave con cargas completas de combustible. Cada avión llevaba hasta 23,000 galones de combustible, y pesaba aproximadamente 400,000 libras.[3] Compara eso con el peso máximo de 35,000 libras y los 67 galones de combustible[4] que llevaba el avión B-25 que se estrelló contra el edificio Empire State el 25 de julio de 1945.[5] Esa explosión causó daños por aproximadamente $1,000,000, y no destruyó la integridad de la estructura del edificio. De modo que cada uno de los jets que estrellaron los terroristas llevaba aproximadamente una cantidad treinta y cinco veces mayor de combustible, y pesaba aproximadamente doce veces más que un B-25.

El segundo par de aviones era diferente. No llegaron a los objetivos asignados; al menos podemos estar seguros de que el que se estrelló en Pennsylvannia no lo hizo.

3. En línea en www.boeing.com/commercial/767-300/product.html; vínculo a 7 de octubre de 2001.

4. En línea en "North American B-25 Mitchel", en www.csd.uwo.ca/~pettypi/elevon/baugher_us.

5. Disponible en línea en www.greatbuildings.com, y en www.esbnyc.com, 23 de septiembre de 2001.

¿En qué estaban pensando los secuestradores? Tal vez pensaban que de todos modos se irían directamente al cielo, pero sabían que iban a morir habiendo fracasado en su misión. La obsesión de la tarea (como lo muestran las cartas de estos sucesos) tuvo tiempo para debilitarse y para ser reemplazada por la duda. Tal vez el miedo reemplazó a la obsesión. Como el momento óptimo para el ataque terrorista se retiró hacia el pasado, aunque sólo fuera por unos cuantos minutos, los resultados cambiaron en forma dramática.

Estados Unidos responde

Después de esperar casi un mes para considerar la estrategia y desarrollar una coalición de apoyo internacional, los Estados Unidos atacaron objetivos terroristas en Afganistán.[6] El 7 de octubre de 2001, los Estados Unidos, en coordinación con sus aliados alrededor del mundo, atacó bases terroristas al suroeste de Kabul, Afganistán, y también el cuartel general de la milicia Talibán que gobernaba Kandahar. Este ataque empezó a las 8:57 hora de Afganistán, 12:27 hora de Washington D.C. Existe una diferencia de tiempo de media hora porque la hora de Afganistán se fija cuatro horas y media más tarde que la hora de Greenwich, mientras que la mayoría de lugares del mundo usan una diferencia de cuatro horas.

6. Reporte de la Prensa Asociada disponible en www.dailynews.yahoo.com, 7 de octubre de 2001.

En la carta del 7 de octubre que se relaciona con el ataque contra los terroristas organizados de Osama Bin Laden en Afganistán, hay dos relaciones (aspectos) del mismo tipo que los que hemos mencionado. El primero representa la energía obsesiva que Estados Unidos invirtió en su relación con sus aliados durante las semanas recientes. La segunda indica que también Estados Unidos está obsesionado por resolver los problemas que el terrorismo causa en el mundo y que lo están haciendo con la cooperación total de sus aliados alrededor del mundo. La gran diferencia astrológica es que este patrón no desaparece en unos minutos. La relación se está moviendo hacia un punto exacto. Utilizando métodos astrológicos normales, podemos llegar a la conclusión de que este aspecto estará totalmente vigente al menos hasta el 2 de noviembre, y posiblemente hasta el 9 de diciembre de 2001.[7]

En su discurso al mundo el 7 de octubre, el Presidente de Estados Unidos indicó que junto con los golpes militares, el gobierno también estaba transportando por aire los alimentos y suministros que el pueblo de Afganistán necesita con desesperación. Declaró que esta no es una guerra contra Afganistán sino contra el terrorismo.

7. El quindecile de Plutón en el Nudo Norte se está moviendo hacia un punto exacto, y le llevará mucho tiempo: El tránsito de Plutón completa el aspecto hacia el Nudo en esta carta el 2 de noviembre de 2001, mientras que el Nudo en tránsito completa el aspecto hacia Plutón en esta carta el 9 de diciembre de 2001. Incluso después de esperar casi un mes para actuar, el tiempo no se les ha acabado a los Estados Unidos y a sus aliados.

Por la forma en que los sucesos se desarrollen en los siguientes meses y años, veremos si Estados Unidos ha dado un paso hacia la reducción del terrorismo y el incremento de las relaciones de paz entre las naciones.

En este libro, ofrecemos las opiniones de astrólogos prominentes. Cada uno habla de los sucesos y de su significado futuro a partir de una perspectiva diferente. Al desarrollarse los sucesos, veremos si nuestro análisis coincide con los sucesos. Esperamos que encuentres esta información digna de consideración. La exigencia de escribir para diversos públicos, con diferentes propósitos, sobre diferentes temas, crea variables que no se pueden anticipar en un libro de este tipo, y lo reconocemos. Hemos tratado de evitar la ambigüedad, para no dejar nuestras palabras abiertas a malas interpretaciones.

Ataque contra Estados Unidos

JONATHAN KEYES

En la mañana del 11 de septiembre de 2001, aproximadamente a las 8:46 de la mañana, el vuelo 11 de American Airlines, en el que viajaban noventa y dos personas, se estrelló contra los pisos más altos del la Torre Norte del World Trade Center. A las 9:03 de la mañana, el vuelo 175 de United Airlines, en el que viajaban sesenta y cinco personas, se estrelló contra la Torre Sur. A las 9:43 de la mañana, mientras las personas que estaban en las torres gemelas trataban de llegar a un lugar seguro, el vuelo 77 de United Airlines, en el que viajaban sesenta y cuatro personas, se estrelló contra el edificio del Pentágono. Un cuarto avión, el vuelo 93 de United Airlines, en el que viajaban cuarenta y cinco personas, se estrelló en un campo del oeste de Pennsylvania aproximadamente a las 10:10 de la mañana. Además de las personas que murieron al estrellarse los aviones, 126 personas murieron en el Pentágono, y más de 4,700 desaparecieron y se suponen muertas en los edificios del World Trade Center.

Pérdida de la inocencia

Cuando el segundo avión se estrelló contra el World Trade Center, fue evidente que los Estados Unidos estaban siendo atacados. Al irse revelando los detalles relacionados con los ataques y enterarnos de que diecinueve secuestradores habían tomado control de los cuatro aviones, se inició una investigación masiva que abarcó todo el planeta. Aunque en el momento en que escribo esto sólo se sabe que tres de los secuestradores tenían vínculos directos con el líder terrorista Osama Bin Laden, se cree que todos ellos tenían vínculos con al Qaeda, la organización terrorista de Bin Laden. Bin Laden es un militante exiliado de Arabia Saudita, y se dice que vive en las colinas de Afganistán bajo la protección del Talibán, un grupo islámico fundamentalista.

En su discurso ante la sesión conjunta del Congreso y ante el mundo el 20 de septiembre, el Presidente George W. Bush dijo: "El 11 de septiembre, los enemigos de la libertad cometieron un acto de guerra contra nuestro país... Nuestra guerra contra el terror empieza con al Qaeda, pero no termina ahí".[1]

1. El texto completo del discurso del Presidente Bush el 20 de septiembre de 2001, está disponible en línea en www.whitehouse.gov.

Estamos en un punto crítico en la historia del mundo y lo sabemos. Los brutales ataques contra las ciudades y los pobladores de Estados Unidos marcan el inicio de un nuevo orden mundial.

Una perspectiva astrológica

Para comprender lo que estaba ocurriendo el día del ataque, los astrólogos estudian los planetas para obtener información. Dos planetas en particular, Saturno y Plutón, sobresalen como alto importante a causa de su alineación,[2] y porque representan dos fuerzas muy poderosas. Estos dos planetas empezaron a moverse hacia una oposición entre sí (lo que significa que se localizan en partes opuestas del firmamento) en julio de 2001. Este tipo de oposiciones de planetas a menudo indican épocas difíciles de intensos desafíos. Al ver el simbolismo de estos dos planetas, los astrólogos ven alineaciones planetarias de un potencial poderoso, lo que resultó ser un momento crítico en la historia de los Estados Unidos y del mundo.[3]

2. Saturno en Géminis y Plutón en Sagitario forman una oposición (a una distancia de 180 grados). Una oposición pone a la vista cosas que se relacionan con la perspectiva; la forma en que vemos las cosas, y cómo las equilibramos. Los sucesos que son representaciones físicas de sucesos astrológicos, por ejemplo los ataques, representan dos aspectos del mismo tema central, pero desde extremos del espectro totalmente distintos. Los astrólogos estudian esas señales (Géminis y Sagitario), los aspectos y la ubicación de cada planeta en una casa, para obtener información.

3. Ver Robert Hand: "Ubicar los sucesos en el mapa del mundo", en este libro, pues contiene información adicional respecto a la manera de localizar puntos de problemas en el mundo.

Estas son cuatro áreas de la vida que representa Saturno:

- Estructura: los cimientos y formas que construimos tanto a nivel psicológico como a nivel material;
- Autoridad: la autoridad que tenemos sobre nosotros mismos, y la autoridad externa que otros tienen sobre nosotros;
- Disciplina: el discípulo de la causa, y la disciplina para sujetarse a las limitaciones; y
- Comercio: los edificios y negocios que forman nuestra economía.

En este momento, Saturno se está moviendo a través del signo de Géminis. Géminis es un signo del aire, y por lo común se le relaciona con la comunicación y con la localidad, como algo que se opone a los viajes a larga distancia. Géminis también se conoce como el signo de los gemelos.[4] En la carta de sucesos que corresponde al momento de la primera explosión, Saturno (comercio) estaba en el sector de la carta que representa asuntos externos, ley, justicia, filosofía, moral, etc. Ver la figura 2 en la página 302.

Plutón representa una transformación profunda y generalizada, que puede experimentarse como una muerte física, emocional o espiritual.

4. Ver Stephanie Clement, "Sucesos gemelos" en este libro, para tener una explicación más completa sobre el simbolismo de los gemelos en Géminis.

Se relaciona con las fuerzas destructivas de las tinieblas y el abuso de poder. Los ataques, que se cree fueron perpetrados por militantes musulmanes fundamentalistas, son una expresión de la oscura expresión de poder de Plutón.

Plutón está atravesando el signo de Sagitario. Al transitar los planetas a través de un signo, la energía de la Tierra cambia para enfocar aquello que simboliza el signo en que está el planeta. Sagitario es un signo de fuego que se relaciona con los sistemas de creencias, la ley, la enseñanza y la religión entre otras cosas. Este es, por tanto, un momento en que surgen los aspectos violentos y vengativos de las tradiciones religiosas.

Este tránsito de Plutón significa un cambio poderoso en la conciencia que abordará las relaciones y la comunicación entre el mundo occidental y el mundo árabe. Los terroristas golpearon el corazón mismo de las creencias norteamericanas respecto a la guerra, la paz y la justicia.[5] A partir de los ataques, hemos tenido que cambiar la forma en que viajan los ciudadanos, la forma de mantener seguras las fronteras y la forma en que tratamos a personas de diferentes credos religiosos.

Los tránsitos de Plutón a menudo pueden empezar en forma destructiva, pero la destrucción va seguida de una reconstrucción y de mayor sabiduría.

5. Desde el punto de vista astrológico, esto se expresa a través de Saturno en Géminis, en oposición con Plutón en Sagitario.

Tal vez, con el tiempo, se reconstruya el World Trade Center, o se construya en ese lugar un monumento que recuerde a las personas que murieron ahí.

Millones fuimos testigos de la destrucción de las torres del World Trade Center, al igual que del ataque al Pentágono, gracias a las imágenes transmitidas por la televisión. Los ciudadanos de Estados Unidos y de otros países alrededor del mundo, experimentaron una profunda herida psicológica que tomará mucho tiempo sanar. A un nivel más profundo, se dañó el fundamento de los Estados Unidos y se requerirá tiempo para reconstruirlo. Aunque la alineación de Saturno y Plutón no provocó que ocurrieran sucesos como este, a través de los tiempos los astrólogos han sido testigos de alineaciones como esta, las cuales a menudo se manifiestan como sucesos clave de nuestra historia.

Oposición previa de Plutón y Saturno y sus implicaciones

La última vez que Saturno y Plutón estuvieron en oposición fue del 23 de abril de 1965 al 20 de febrero de 1966. Saturno estaba atravesando el signo de Piscis, mientras que Plutón estaba atravesando el signo de Virgo. Aunque esa alineación ocurrió en signos diferentes a los que está ocurriendo en la actualidad, ese también fue un momento de transformación y de levantamientos alrededor del mundo. En esos años, los norteamericanos fueron testigos de un incremento en la participación de Estados Unidos en el conflicto de Vietnam, brotaron motines racistas en el país y el conflicto en el Medio Oriente se incrementó.

Al aumentar las tensiones, Israel lanzó ataques contra Siria, Egipto e Irak el 5 de junio de 1967, con el fin de proteger sus tierras. La Guerra de los Seis Días[6] tuvo como resultado la toma del Banco Occidental y los Altos de Golán. Lo cierto es que la Guerra de los Seis Días fue en parte responsable de algunas de las emociones que están detrás de los conflictos que están ocurriendo ahora. Una de las razones que da Bin Laden para el ataque a Estados Unidos se relaciona con la ocupación israelita de las tierras donde viven aproximadamente 1.2 millones de árabes.[7] En el momento en que Saturno y Plutón vuelven a oponerse, los problemas y tensiones que rodearon esa guerra inicial regresan a la superficie.[8]

6. Para mayor información sobre la Guerra de los Seis Días, ver www.hsje.org/six_day_war.htm.

7. Jonathan Tilove, "Exploring the Arab World," Newhouse News Services (*Oregonian*, September 21, 2001), A6.

8. Ver Robert Hand, "*¿A dónde vamos a partir de ahora?*" en este libro para una explicación más completa de lo que se conoce sobre los ciclos de los planetas y los sucesos.

La psicología del terrorismo

BERNIE ASHMAN

Yo era un niño en la década de los cincuenta, durante la guerra fría, pero el temor colectivo a un ataque nuclear permanece en mí como un vivo recuerdo. En la escuela, había un simulacro llamado "agacharse y protegerse" en el que teníamos que ponernos debajo de nuestros escritorios o arrodillarnos en el corredor y agachar la cabeza como si estuviéramos siendo atacados con una bomba. La preocupación reflejada en el rostro de mis padres durante la crisis de Cuba en 1962, cuando John F. Kennedy era presidente de Estados Unidos, era una imagen de pesar. Les preocupaba que el mundo que ellos conocían pudiera llegar a su fin.

Pero el temor que he visto en el rostro de muchas personas a causa de los recientes ataques terroristas en el World Trade Center en Manhattan, y en el Pentágono en Washington, sobrepasan el temor que se experimentó anteriormente. Durante la guerra fría al menos conocíamos la identidad del enemigo. Pero los terroristas actúan en la sombra, y es frecuente que después de un ataque nadie sepa con certeza la identidad de los atacantes. El temor que sentimos hoy es un temor con un mística espectral.

Los terroristas tienen la intención de dejar cicatrices permanentes, y de mantenernos aterrorizados hasta el siguiente ataque. La idea es perturbar nuestro sentido de seguridad, dejándonos en un constante estado de ansiedad. Un terrorista sólo tiene una cosa en mente, y utilizará cualquier medio para justificar el fin. Espera que el efecto radiactivo de sus acciones de tinieblas, el estrés postraumático, siga aumentando, hasta el punto de detener mediante la angustia, las acciones habituales, tanto en el trabajo como en el hogar, del grupo que ha sido el blanco de sus ataques.

Los ataques del 11 de septiembre golpearon a dos fuertes símbolos de la sociedad estadounidense: su distrito financiero y su poder militar. El objetivo terrorista era restarle importancia al significado simbólico de las instituciones norteamericanas, y destruir la fe de la gente en ellas.

¿Existe una mente terrorista que sea predecible?

Los expertos responden con un enfático "¡No!" Un terrorista podría haber recibido una buena educación o no contar con educación formal en absoluto.

Podría ser rico o pobre; o un sofisticado viajero que recorre el mundo, como ya lo vimos. Entonces, si no existe un tipo psicológico preciso, ¿cuál es el ingrediente que tienen en común? Un terrorista está dispuesto a sacrificar su voluntad personal por un grupo que por lo general está bajo el control de un líder carismático o fanático, con el fin de apoyar una causa común.

La individualidad se sacrifica por el plan del grupo. Por consiguiente, el siguiente paso que se debe dar para entender la psicología del terrorismo es echar una mirada a la mente de uno de sus líderes, Osama Bin Laden.

Osama Bin Laden

Se ha identificado a Osama Bin Laden como el principal arquitecto que estuvo detrás del reciente ataque contra Estados Unidos. No se conoce la fecha exacta de su nacimiento. La única información confiable es que nació en 1957. Pero esto por sí solo no revela mucho acerca de lo que le impulsa en su campaña de terror.

Las siguientes afirmaciones sobre las influencias astrológicas de Osama Bin Laden no se aplican a nadie que haya nacido en 1957. Pues, aunque la mayoría de las personas que nacieron en ese año tienen influencias astrológicas similares a las de Osama Bin Laden, la mayoría tomó decisiones más apropiadas respecto a su destino.

Es importante mencionar aquí que los astrólogos contemporáneos no creen que los planetas le hagan algo a la gente, ni que causen sucesos que ocurren aquí en la Tierra. Sin embargo, sí creemos, basándonos en miles de años de observación, que los planetas y las relaciones que se forman entre ellos (alineaciones matemáticas, lo que incluye cuadrados con una separación de 90 grados entre planetas, trígonos con una separación de 120 grados, etc.) reflejan información sobre los sucesos y las personas aquí en la Tierra. En astrología, el planeta que más representa ambición y liderazgo es Saturno. En 1957 Saturno estaba en el signo de Sagitario.

Hay muchas cosas que se relacionan con el signo de Sagitario. Entre ellas: deseo de libertad e independencia; amor por la ley y la religión; interés por el mundo, en particular por países y pueblos extranjeros; y amor a los caballos y a la cacería. Las personas que tienen una fuerte influencia de Sagitario en su vida, a menudo se sienten atraídas a carreras relacionadas con la enseñanza, leyes o religión. También pueden ser muy idealistas.

Bin Laden ha adoptado la misión de reclutar seguidores a su causa, que es derrotar al "corrupto" mundo occidental. Predica la muerte y promete un jihad, o guerra santa, a quienes se le opongan. Este hombre, que hace resaltar que el celo por una nueva interpretación radical del Islam es la forma de luchar contra los enemigos del mundo occidental, ha envuelto su mensaje en dogmas religiosos. Su extremismo captura individuos que están en busca de una misión, pero que no son capaces de crear una misión propia más auténtica.

Existen otras indicaciones en las ubicaciones planetarias astrológicas de 1957 que muestran cómo Bin Laden se salió del camino. Las alineaciones planetarias indican que ciertos individuos nacidos en ese año podrían guiar mal a otros a nombre de un falso ideal.[1]

La orientación a la realidad no es una carta fuerte en el juego de Bin Laden. No me refiero a que tenga una enfermedad mental, sino a que ignora la realidad de que existen límites en su capacidad para llevar a cabo su misión.[2]

1. En 1957, hubo una separación de un cuadrado con una alineación muy intensa de 90 grados entre Urano y el signo de Leo, y Neptuno y el signo de Escorpión. Esto indica un conflicto o un desafío, ya que las dos influencias planetarias luchan por ser expresadas. Urano se asocia con la individualidad y con cambios repentinos; Neptuno se asocia con el idealismo. La tensión entre ambos se puede resolver estableciendo metas realistas. Aunque una fuerte influencia de Urano por lo general se ve en individuos con tendencias inventivas, esta influencia también puede tener como resultado una manera de pensar excéntrica, muy lejana a la corriente común de pensamiento. Cuando esto se combina con la propensión de Neptuno por el idealismo, o con el sentimiento de que uno debe ser el salvador de un pueblo o una causa, puede producir un visionario fuera de control. El mundo también está consciente de que Bin Laden podría morir en la lucha y convertirse en un mártir para la causa fundamentalista.

2. Saturno, que se relaciona con la realidad y con los límites, se pone a prueba en el signo de Sagitario, que se asocia con romper las limitaciones y expandirse en el mundo. Cuando Saturno y Sagitario están en armonía, la sabiduría y la filosofía pueden hacer maravillas juntas. De acuerdo con la visión del mundo de gran número de personas, Bin Laden ha optado por pervertir la sabiduría y la fuerza que son suyas por derecho de nacimiento.

Bin Laden tiene un fuerte impulso a definirse a través de sus creencias filosóficas. En su mejor aspecto Sagitario indica tolerancia, generosidad y sabiduría. En su peor aspecto, este signo puede expresarse como dogmático y despiadado, que juzga a otros con intolerancia.

Saturno también puede expresarse como sabiduría, y como limitaciones que tienen propósitos determinados. No obstante, este simbolismo planetario también abarca el papel disfuncional de la rigidez, y de aferrarse a interpretaciones o tradiciones estrictas; como en el fundamentalismo estricto.

Para que Bin Laden y otros como él logren sus metas, sin embargo, deben tener seguidores. El extremismo captura individuos que están buscando una misión y que están dispuestos a seguir los pasos de su líder. La orientación de dichos individuos indica problemas relacionados con una baja autoestima, como se observa en la cultura americana entre quienes son miembros de pandillas. Se les aconseja no pensar por sí mismos, sino adherirse a la ideología del grupo.

Anatomía de una mente terrorista

Los astrólogos estudian una carta de nacimiento,[3] de la misma forma en que un conductor estudia un

3. Los astrólogos usan la hora, la fecha y el lugar de nacimiento exactos para elaborar una carta de nacimiento individual para una persona o un suceso. Los símbolos y aspectos planetarios son el "plano" o el "mapa" que el astrólogo usa para interpretar un nacimiento o un suceso.

mapa de carreteras, para encontrar información. Los planetas y sus signos en el momento del nacimiento simbolizan la forma en que ese suceso o individuo podría experimentar la vida. Cuando la carta se interpreta de manera adecuada, proporciona información útil que el individuo puede usar como instrumento en el camino de descubrirse a sí mismo.

La astrología reconoce que no existen garantías, y que algunos individuos optan por las sombras y no por la luz. Cada uno de nosotros debe elegir los rumbos que son mejores para él.

El siguiente análisis de los planetas tiene el propósito de guiar o mostrar cómo cada persona puede llegar a ser parte del pensamiento terrorista. Piensa en esto como en un plano de la psique terrorista. Quiero enfatizar que estas descripciones se centran en lo que ocurre cuando alguien se pierde en las tinieblas o en las sombras de lo que estos planetas simbólicos representan en realidad.

El sol: la fuerza de vida

En astrología, el Sol simboliza el ego del individuo: la parte básica de expresión de uno mismo que debe brillar a su manera. Cada uno de nosotros quiere ser un héroe por derecho propio, y el ego apoya ese esfuerzo. ¿Qué le pasa a este aspecto clave de nuestra identidad si se entrega a una mentalidad extremista? En lugar de un desarrollo auténtico de la fuerza del ego, un terrorista esencialmente toma todo su sentido de individualidad a través de lo que el líder o el grupo consideran importante.

El poder de la voluntad personal, otro tema del Sol, se fusiona con la voluntad de esa ideología en particular. Esto puede expresarse en el secuestro de un avión, o en cualquier otra acción que el líder determine. Pero lo que tenemos en realidad es una persona que está a merced de quien haya tomado el mando de su vida.

Sin embargo, el ego se resistirá a los esfuerzos de hacer de él algo que no es, actuando con mayor intensidad hasta que ya no se pueda negar su verdadera naturaleza.[4] Por consiguiente, el terrorista se vuelve más peligroso con el paso del tiempo.

La Luna: Creadora de seguridad y aceptación

La Luna simboliza la búsqueda de la seguridad, la forma en que el individuo expresa y recibe el cuidado y la necesidad de tener un hogar. El sentido de aceptación o intimidad del terrorista brota del movimiento a la causa con la que está comprometido; recibe consuelo de quienes apoyan sus acciones mediante alimento y alojamiento; y su hogar es el lugar donde vive o se oculta en un momento dado. El terrorista, a su vez, cuida de la meta.

4. Ver Kevin Burk, *Understanding the Birth Chart [Cómo entender la carta del nacimiento]* (Llewellyn, 2000).

Mercurio: el mensajero

Mercurio simboliza el proceso de pensamiento y la forma en que se consigue información. En la mente del terrorista, la comunicación es crucial para la transmisión de detalles importantes en una operación. El modo de pensar del terrorismo está totalmente condicionado por la educación de la mentalidad del grupo.

Cuando los sentimientos se anulan objetivamente, el lavado de cerebro es tan profundo que la mente de la persona deja de analizar en forma racional, esto hace que para el terrorista sea más fácil causar daño. La lógica de matar y causar daño está de acuerdo con las enseñanzas de la causa del grupo.

Venus: atracción hacia los valores y las relaciones

Venus simboliza instintos sociales, compañeros y relaciones. Es difícil detectar a los terroristas porque permanecen muy unidos en sus propias organizaciones. No revelan a nadie mucho de sí mismos, a menos que sea de su propio clan. Los terroristas sólo valoran lo que les ayudará a lograr las metas que desean. Su sistema de valores es inflexible y se concentra en crear caos y destrucción en las poblaciones que son el blanco de sus ataques. Los placeres y apetitos físicos son parte del simbolismo de Venus, y Bin Laden les ha vendido a sus seguidores la idea de los atentados suicidas diciéndoles que en la otra vida habrá una plenitud de gratificación sensual y otras recompensas.

Marte: guerrero del mundo

Marte a menudo se asocia con la agresión y con cualidades guerreras centradas en uno mismo. Aunque la mayoría de las personas desean tener seguridad en sí mismas, el terrorista usa tácticas agresivas para alcanzar sus objetivos. La ira es otro aspecto de la agresión. El terrorista seleccionará el arma más espantosa, o destruirá aquello que es el blanco de sus ataques, y esa destrucción nos dejará sin el aire, y a la larga, sin la esperanza. Una teoría implica que a algunos terroristas se les enseña a odiar todo lo relacionado con la cultura occidental siendo niños, y que los grupos terroristas manipulan este odio que se les ha inculcado para convertir a las personas en asesinos entrenados.

Júpiter: filósofo, abogado, maestro

Júpiter representa la filosofía, la religión, la ley, el aprendizaje, la enseñanza y los viajes al extranjero y a lugares distantes. También se relaciona con experiencias en el extranjero (lo que incluye exportar el terrorismo a otros países). Los terroristas aceptan una visión dogmática del mundo, y sienten que es su deber liberar al mundo de quienes no creen en su manera de vivir. En manos del terrorismo, la moral, en lugar de ser una apertura natural, se traduce en un sentido exagerado del bien y el mal. Se desecha a las personas cuyos sistemas de creencias difieren de los del terrorista, o se les agrupa en una generalidad y se les clasifica como enemigos. Bin Laden y otros como él proyectan el trasfondo religioso de Júpiter a una fórmula en extremo simplista, a su conveniencia.

Saturno: señor del tiempo y de la estructura

Como se dijo antes, Saturno se relaciona con la ambición. También se relaciona con restricción, autoridad, control y estructura. El al Qaeda, la organización de Bin Laden, es una organización muy burocrática con una jerarquía bien definida. Se organiza a los terroristas en pequeños grupos llamados células y se les despliega por todo el mundo.

A cada célula se le asigna una función especial. Los miembros están unidos por la causa. Son tan cerradas, que aunque haya diferentes grupos de células participando en un ataque, no se conocen entre sí, pues cada quien entra en acción en momentos perfectamente previstos por la organización.

El fanatismo con que los terroristas ven al mundo es lo que establece la tónica de violencia desde los niveles más altos hasta los más bajos. Las organizaciones terroristas con líderes ambiciosos, como Bin Laden, desean poder. Es posible que no lo digan abiertamente, pero definitivamente es parte del plan.

Urano: inspiración creativa y fuerza destructora

Urano simboliza la singularidad, la originalidad, la rebelión y la destrucción, entre otras cosas. Aunque es posible que el líder de organizaciones terroristas exprese inspiración creativa y originalidad, y tenga el don de hacer lo inesperado, sus seguidores sacrifican su individualidad en aras de las metas del grupo.

Es fácil entrenarlos porque no están interesados en descubrir su propio camino. Además, se dice que este planeta señala las opiniones que la persona tiene de los grupos. Al entender esto, es más fácil comprender la lealtad del terrorista hacia el futuro del grupo por sobre todo lo demás.

Neptuno: idealismo, fe y engaño

Neptuno se relaciona con los ideales, el romanticismo, la compasión y la fe. Un terrorista demuestra estas cualidades siguiendo a un líder con fe ciega. Esto sólo es posible cuando alguien renuncia a sus propios ideales para seguir una causa engañosa. La mayoría de las personas se sentirían culpables (otra característica de Neptuno) al cometer actos horrendos contra la humanidad.

¿Por qué los terroristas no sienten culpa? Porque usan otra característica de Neptuno: la negación. No hay culpa cuando uno cree que está en lo correcto y está sirviendo a la causa más noble, determinada por su líder.

Plutón: máxima fuerza destructiva en el universo

Plutón se relaciona con el poder, la pasión, el dominio de sí mismo y el misterio.[5] En el terrorismo, esta energía se convierte en fanatismo. La pasión por destruir y matar (asesinar) en nombre de creencias dementes, está justificada en la mente de los terroristas. Los terroristas se esconden en las sombras, en redes ocultas.[6] Pero aunque la muerte (destrucción) es uno de los elementos con que se relaciona Plutón, también se relaciona con el renacer. De modo que una víctima de este ataque terrorista (los supervivientes y los ciudadanos norteamericanos) ¡pueden recuperarse en forma muy poderosa!

---

5. Plutón puede simbolizar el hecho de proyectar nuestro odio hacia otros, ya sea en forma individual o colectiva, como en los sucesos del 11 de septiembre de 2001.

6. Plutón también representa los sistemas monetarios. Es un hecho conocido que las organizaciones terroristas tienen formas encubiertas de ocultar la fuente de sus finanzas. También es interesante mencionar que en la carta astrológica que se trazó para el primer ataque contra las torres del World Trade Center, Plutón está en oposición (a una distancia de 180 grados) a la ubicación de Plutón en las cartas que corresponden a Manhattan y a la ciudad de Nueva York. Carolyn Dodson, en su libro *Horoscopes of the U.S and Cities [Horóscopos de Estados Unidos y de ciudades]* (ACS Publications, 1985), ubica la carta de Manhattan el 12 de febrero de 1653 y la de la ciudad de Nueva York el 1 de enero de 1892, (basándose en las condiciones de los cinco distritos).

La carta astrológica de George W. Bush

JONATHAN KEYES

Para comprender desde una perspectiva astrológica los factores que apuntalan a los recientes ataques, es útil analizar la carta del nacimiento de los Estados Unidos.[1] A partir de ella, lo primero que resulta obvio es que la oposición actual entre Saturno y Plutón está cruzando la Ascendente y la Descendente de la carta de los Estados Unidos. Ver la figura 13 en la página 313.

Esta "firma" astrológica indica que la forma en que el resto del mundo ve a Estados Unidos y la forma en que la gente está respondiendo y actuando alrededor del mundo, está sufriendo una enorme transformación que en ocasiones podría ser bastante intensa y difícil.

1. La Declaración de Independencia se entregó a las 5:10 p.m., 1776, en Filadelfia, Pennsylvania, y esa es la carta que usaré aquí. Existen otras cartas para Estados Unidos, pero he elegido esta porque me parece la más exacta.

Otra carta que es importante examinar en toda esta tragedia es la del Presidente George W. Bush. El papel de Bush en este conflicto tiene una importancia primordial, ya que él toma algunas de las decisiones finales. Como comandante en jefe de las fuerzas armadas, Bush decide cuándo, dónde y cómo quisiera dirigir este conflicto. En vista de que Estados Unidos fue víctima de un ataque masivo, no se requiere el apoyo del congreso para que Bush ordene una respuesta por parte de las fuerzas militares, aunque ha optado por buscar apoyo a sus metas, al igual que el apoyo internacional. Ver la figura 5 en la página 305.

Al estudiar esta carta, vemos algunos factores clave. Aunque el Sol de George W. Bush está en Cáncer, su carta está fuertemente acentuada por el signo de Leo.[2] Leo simboliza valentía, expresividad, encanto y generosidad. Pero el aspecto más oscuro de Leo es egoísmo, majestuosidad y arrogancia. Por ejemplo, Bush demostró su aspecto encantador ante las cámaras y ante el público norteamericano durante los primeros días del recuento de votos en noviembre de 2000. Pero cuando la decisión se retrasó varias semanas, el aspecto majestuoso y arrogante de Bush empezó a aparecer. No hay duda de que es un hombre que puede ser intenso, tenaz e iracundo cuando se le provoca.[3]

2. La Ascendiente de Bush, Mercurio, Plutón y Venus residen en el signo de Leo.

3. Mercurio, Plutón y las Ascendentes están juntos en Leo, lo que indica el temperamento que se describió. Marte está en la Segunda Casa y el signo de Virgo indica que Bush se sentirá más agresivo cuando algo o alguien amenaza su seguridad o la de las cosas que él valora.

Por otra parte, muestra a alguien que está dispuesto a ponerse de pie y luchar, a ser fuerte y casi obsesivo en el logro de sus metas. Aunque la aprobación del público es de gran importancia para las personas que tienen un Leo fuerte en sus cartas, no es probable que Bush de marcha atrás en esta lucha, aunque disminuya la aprobación hacia sus acciones de guerra.

En la carta astrológica del nacimiento de Bush, Mercurio está a un grado de Plutón en el zodiaco. Mercurio se relaciona con la comunicación, Plutón con la transformación, y Bush a menudo ha mostrado dificultad en su capacidad para hablar, al elegir las palabras incorrectas o al pronunciarlas mal, lo que ha disminuido su eficacia como líder y le ha causado innumerables problemas. La elección de palabras de Bush, en su interacción con la comunidad global, es de máxima importancia en estos momentos, pues las palabras inadecuadas pueden hacer que las fuerzas opuestas sientan enojo o pueden incluso galvanizarlas.

Bush tiene una Luna de Libra que está a dos grados de estar en conjunción con Júpiter, que también está en Libra. El par de la Luna y Júpiter le da su encanto y su gracia, y le ayuda a crear coaliciones.[4]

4. Algunas conjunciones, como la de Mercurio y Plutón, en la carta de Bush, pueden causar problemas; sin embargo, la conjunción de la Luna y Júpiter en Libra, es benéfica. El que el indicador astrológico se experimente como algo benéfico o no, depende de diversos factores, lo que incluye los dos planetas involucrados y los aspectos que esos planetas provocan en otros planetas en la carta del nacimiento.

Tendrá que apoyarse en su capacidad para ser persuasivo y para orientarse a la comunidad, para construir y mantener la coalición internacional contra el terrorismo.

El Sol de Bush en Cáncer muestra a una persona que siente las cosas con fuerza.[5] Si lo recordamos, en su charla improvisada con los reporteros después de hablar con el Gobernador George Pataki y el Mayor Rudolph Giuliani, Bush dijo: "Soy una persona que sabe amar", y no pudo seguir hablando por las lágrimas que llenaron sus ojos. El ataque contra Estados Unidos impactó a Bush en muchos niveles, pero esencialmente le tocó un nivel visceral y emocional. Bush expresa sus emociones en palabras y debería cuidarse de actuar estrictamente a partir de este nivel, antes de examinar las posibles implicaciones de sus elecciones.

Cáncer es el signo del cangrejo, una criatura fiera y protectora que puede ocultarse en su concha y también puede atacar con sus tenazas si se le amenaza. En el corto periodo de Bush como presidente antes del ataque, se concentró ante todo en la política interna y optó por ignorar el hecho de que era parte de una comunidad global más amplia. Bush se negó a firmar los acuerdos de Kyoto, que habrían cambiado en forma dramática las políticas relacionadas con el medio ambiente.

5. Bush tiene su Sol en Cáncer en la Duodécima Casa. Como tiene varios planetas en Leo junto con la ascendente, su aspecto Leo a menudo puede aparecer con más fuerza que su Sol oculto en Cáncer.

También retiró la intervención del gobierno en una conferencia sobre relaciones raciales en Sudáfrica, y lo interesante es que en ella se habló de la elección de palabras de Bush al decir que Israel tenía una actitud racista y opresora hacia los pueblos árabes. A causa de los recientes ataques, Bush se ha visto obligado a actuar como líder internacional y pedir el apoyo de las naciones alrededor del mundo. El gobierno de Estados Unidos se ha visto obligado a alejarse de su postura de aislamiento y a tomar una postura en que se relaciona con el resto del mundo.

Conclusión

En estos tiempos de grandes dificultades y confusión, Bush ha congregado a las tropas y ha hablado con el público norteamericano sobre la necesidad de una guerra larga y sostenida contra el terrorismo. Bush ha optado por ver este conflicto como una guerra del "Bien contra el Mal", como un momento para sacar de raíz a los "malvados" y a los estados que los apoyan.

Se enfrenta a la posibilidad de incitar una ira tremenda en el mundo árabe, lo que aumentaría el conflicto llevándolo a proporciones globales. Bush está en la cuerda floja en estos tiempos de peligro, y depende de él y del pueblo americano el tomar las decisiones que garantizarán la justicia, pero no a costa de una catástrofe mundial.

Esta también es una época en que cada ciudadano de Estados Unidos debe analizar esta pregunta: ¿Por qué hemos generado tanto odio en ciertos sectores del mundo? Norteamérica necesita examinar su forma de abordar la política exterior, su interacción con el mundo árabe y su creencia de que están aislados del resto del mundo.

Existe la posibilidad de que Estados Unidos pase a través de una gran transformación y renacimiento en el que sobrevivirán los aspectos más positivos de este gran país: la tolerancia ante diferencias religiosas y políticas, al igual que la fuerza y la valentía que demostraron los bomberos y brigadas de rescate que trabajaron sin descanso para salvar vidas.

La carta astrológica de Estados Unidos

ROBERT HAND

La mayoría de las personas que se han acercado a la astrología, incluso de la manera más informal, saben que todos tenemos una carta de nacimiento. Es una carta que muestra en forma esquemática la ubicación de todos los planetas en el zodiaco y la forma en que se relacionan con el lugar y la fecha de un nacimiento específico. En general, casi todos los astrólogos están de acuerdo en que el nacimiento es el momento en que el recién nacido respira por primera vez. Algunos de los astrólogos más antiguos dan una definición un poco diferente que dice que el nacimiento ocurre cuando la mitad del cuerpo del niño ha salido del útero. Sin importar cual de estas definiciones sea la verdadera, existe un acuerdo bastante generalizado respecto al momento en que nace un ser humano.

Lo que muchas personas no saben es que no sólo las personas tienen cartas de nacimiento, sino también las naciones. Los astrólogos generalmente están de acuerdo con esto. Sin embargo, para la astrología las naciones son sujetos más difíciles que los individuos. Algunas naciones no tienen un momento de nacimiento claro y algunas tienen varios momentos de nacimiento posibles. Por ejemplo, ¿Cuándo empezó a existir Francia? Emergió en forma gradual al inicio de la Edad Media pero nadie puede decir con certeza cuál es la fecha antes de la cual Francia no existía y después de la cual empezó a existir.

Algunas naciones empiezan a existir en momentos definidos. Por ejemplo, antes de aproximadamente 1870, Alemania no existía como nación. Había un tapiz de pequeños reinos, ducados, ciudades libres y otros principados. Después de la guerra de Prusia contra Francia en 1870, Guillermo I fue coronado como Emperador o Káiser, de Alemania. Supuestamente esto nos daría el momento del nacimiento de Alemania. El único problema es que hubo otros sucesos más o menos en esas fechas que también podrían usarse para definir el momento de su nacimiento.

Estados Unidos debería ser un caso muy definido. La nación se creó más o menos intencionalmente y al parecer debió empezar a existir en un momento definido. Pero incluso en el caso de Estados Unidos hay muchas disputas. ¿Cuándo empezó a existir? ¿Fue al principio de la guerra de independencia? ¿Fue con la Declaración de Independencia? ¿Fue cuando se adoptaron los Artículos de la Confederación? ¿Cuándo se adoptó la Constitución? ¿O fue al principio del gobierno constitucional? Las naciones no son como los individuos. Un ser humano nace en un momento dado. Las naciones pueden empezar a existir por etapas.

Estudiemos brevemente estas posibilidades. Podemos eliminar el inicio de la Guerra de Independencia como el momento del nacimiento pues durante un periodo de aproximadamente un año después del inicio de la guerra en 1775, la mayoría de las personas que luchaban contra Inglaterra todavía estaban luchando para tener una nueva relación reformada con la madre patria, y no por una separación completa. No fue sino hasta el verano de 1776 que los delegados del Segundo Congreso Continental empezaron a pensar que lo adecuado era una separación total. En la tarde del 2 de julio de 1776, el Congreso aprobó la siguiente resolución:

> Se determina que estas Colonias Unidas son y por derecho deberían ser, Estados Libres e Independientes; que se les libera de toda lealtad a la corona británica, y que todas las relaciones políticas entre ellas y el estado de Gran Bretaña son y deberían ser totalmente disueltas.[1]

1. *Transcript from the Journals Of The Continental Congress [Copia de los diarios del Congreso Continental]*, 1774-1789. Volumen V, citado por Ronald W. Howland, *A Chronology of American Charts [Una cronología de cartas*

El 4 de julio de 1776, a cierta hora del día, se adoptó formalmente la Declaración y se mandó imprimir. Es obvio que el 2 o el 4 de julio es la fecha en que inició la independencia de las colonias de Inglaterra, al menos desde el punto de vista de los americanos. Sin embargo, ¿era una nación en este momento, o era un grupo de colonias independientes? Las fechas posteriores que son interesantes incluyen el momento en que el nombre de Colonias Unidas se cambia a Estados Unidos, lo que ocurrió el 9 de septiembre de 1776, y el momento en que se adoptaron los Artículos de la Confederación, lo que hizo de las colonias una sola nación. Esto ocurrió el 15 de noviembre de 1777. Después, está el detalle de que si en realidad era un país independiente antes de que los británicos se rindieran en Yorktown, y así sucesivamente.

Al parecer, incluso en esa época, la gente en general estaba consciente de que los sucesos de julio de 1776 marcaron el final de un estado de cosas y el inicio de otro, y de que la nueva entidad evolucionó continuamente hasta convertirse en los Estados Unidos de América. Y está el hecho de que los americanos siempre han celebrado el 4 de julio como el Día de la Independencia.

---

americanas] (Poz Publications, 1998), 201. Este libro es, por mucho, el mejor trabajo de investigación sobre el tema de la Declaración de Independencia, y ciertamente es una de las mejores fuentes en lo que se refiere a documentos sobre la historia de Estados Unidos en general. Digo esto aunque no estoy de acuerdo con sus conclusiones respecto al momento de la carta.

Esto tiende a eliminar al 2 de julio como el día en cuestión, aunque en esa época, en una carta que John Adams escribió a su esposa, Abigail Adams, mencionó que él pensaba que el 2 de julio era el día que debía celebrarse.

Esto nos deja con la pregunta sobre la hora del 4 de julio. Y esto ha sido un tema de conflicto durante mucho tiempo. Pero se ha logrado algo de progreso. Gracias al libro de Howland,[2] ahora sabemos con certeza que el Congreso todavía no había adoptado la declaración a las nueve de la mañana del 4 de julio de 1776. Esto elimina de un solo golpe una carta astrológica muy popular, pero poco probable, de que la hora había sido alrededor de las 2:17 a.m. del 4 de julio.

La *Copia de los diarios del Congreso Continental* muestra con claridad que el debate sobre la Declaración era el segundo asunto que aparecía en la minuta. Así que sólo nos queda una hora del 4 de julio de 1776, entre las últimas horas de la mañana y la hora de la cena.[3]

---

2. Ver la nota anterior.

3. Howland menciona las últimas horas de la mañana basándose en lo que leyó en la copia del documento y en una carta de Franklin y otros tres delegados que indica que durante la mañana se recibieron instrucciones para la defensa de Nueva Jersey y Pennsylvania. En la copia del documento hay dos resoluciones relacionadas con este asunto. Una de ellas se hizo antes de adoptar la Declaración y la otra después. La segunda resolución tiene una tónica muy similar a la de las instrucciones que Franklin y los otros mencionan en su carta, las cuales se dieron "en la mañana". Basándonos en esto, la Declaración debió adoptarse aproximadamente a las 11:00 a.m. Howland apoya esta hora con un argumento muy sofisticado que se basa en otros documentos que son importantes en la historia de las

Sin profundizar más en los méritos de las diversas cartas astrológicas, existe un grupo que destaca a la luz de los sucesos del 11 de septiembre de 2001. Es un grupo de cartas para una hora un poco después de las 5:00 p.m. Para este artículo, voy a utilizar las 5:10 p.m., en Filadelfia.

Lo que hace esta hora tan interesante, es que más o menos a lo largo del año pasado, varios astrólogos han estado diciendo que de entre todas las cartas astrológicas de Estados Unidos, si algo espectacular y difícil ocurriera entre el principio de agosto de 2001 y el mes de noviembre del mismo año, entonces esta carta en particular quedaría fuertemente confirmada. Bueno, eso fue lo que ocurrió, y los sucesos del 11 de septiembre definitivamente apoyan la carta que corresponde a las 5:10 p.m.

---

naciones de habla inglesa. No obstante, la primera resolución, que se hizo antes de la Declaración, es de naturaleza muy similar a la segundo y de hecho utiliza una frase peculiar que también se encuentra en la carta de Franklin y los otros. La frase es "flying camp" un término militar de esa época. En mi opinión, la evidencia histórica de Howland se puede interpretar en ambas formas, pero el hecho de que la carta de Franklin pudiera considerarse una referencia a la hora de la primera resolución, se combina con el contenido de la segunda, ya que es obvio que ambas resoluciones se refieren al mismo asunto. Esta interpretación de la evidencia permite la posibilidad de que haya sido en las horas posteriores de la tarde, para las que existe considerable evidencia. Ver Howland, 202 - 10.

Cómo ubicar los sucesos en el mapa del mundo

ROBERT HAND

La astronomía planetaria moderna permite a los astrónomos describir con precisión cuándo ocurrirá un fenómeno astrológico. Esto da a los astrólogos modernos una enorme ventaja sobre los antiguos que dependían del uso de cuadros planetarios imprecisos para calcular sus cartas astronómicas. Una vez que conocemos el fenómeno astrológico y la fecha en que va a ocurrir, suponemos, pues la historia lo ha comprobado, que los sucesos correspondientes también ocurrirán en la Tierra.

¿Dónde ocurrirá un suceso?

Las combinaciones planetarias ocurren en los cielos y no en la Tierra. Por ejemplo, los astrólogos de antaño pronosticaban el clima y decían que cuando el Sol estaba con Marte (lo que los astrólogos llaman conjunción), el clima sería cálido y seco. ¿Pero dónde sería cálido y seco? No podía ser cierto que todo el planeta estuviera cálido y seco al mismo tiempo. Algunos lugares nunca están cálidos o secos. Por consiguiente, determinar el punto en que la combinación del Sol y Marte sería más eficaz era un problema de magnitud.

Los primeros astrólogos, como Claudio Ptolomeo (segundo siglo de nuestra era), relacionaba los sucesos celestiales con lugares de la Tierra asignando ciertos signos del zodiaco a lugares específicos. Por ejemplo, se decía que Aries regía la zona que rodea Palestina. Se decía que Leo regía la zona que rodea a Italia, y así sucesivamente. A las ciudades individuales también se les asignaban conexiones con los signos del zodiaco, y esto se hacía de acuerdo a diversos criterios que variaban de una ciudad a otra. La idea era sencilla: Si ocurría una combinación astrológica que involucraba cierto signo del zodiaco, entonces todas las regiones y ciudades relacionadas con ese signo serían afectadas por esa combinación. Quienes hacían los almanaques medievales confiaban mucho en este sistema para hacer sus predicciones para las diversas regiones de Europa.

Sin embargo, los astrólogos descubrieron varios problemas en este enfoque tradicional. Los dos más serios fueron:

- El proceso para asignar regiones y ciudades a los signos parece arbitrario y poco sistemático; y

- El sistema original no toma en cuenta a la mayor parte de Asia Oriental, al Sur de África, y a la totalidad del Hemisferio Occidental. En otras palabras, el sistema no se aplica a las regiones del mundo que eran desconocidas para los pueblos que vivían alrededor del Mediterráneo aproximadamente en el año 100 de nuestra era.

Por consiguiente, llegó a ser obvio para los astrólogos que era vital tener un nuevo enfoque para localizar los efectos astrológicos sobre la Tierra, y así ser capaces de hacer algo valioso en cuanto a analizar y pronosticar sucesos.

La solución al problema se encontró en el siglo XX. Genéricamente se describe como Hacer Mapas Astrales, aunque se le conoce mejor bajo el nombre de marca registrada: Astro*Carto*Grafía, creado por Jim Lewis. Los Mapas Astrales son mapas que representan momentos específicos en la órbita de un planeta. Las líneas que hay en el mapa indican dónde aparecen los planetas en su aurora. Cuándo culminan (llegan al punto más alto, vistos desde la Tierra), cuándo se ponen, y cuándo anti-culminan (llegan al punto más bajo, vistos desde la Tierra). Estos cuatro puntos se conocen como los *Ángulos* de la carta. Ver la figura 6 en la página 306. Primero se analiza la carta del nacimiento de un suceso, y los planetas que se localizan cerca de los ángulos en la carta se consideran los más fuertes y los astrólogos les dan más importancia al buscar las ubicaciones con mayor potencial para que ocurran sucesos.

Los ángulos: Ascendente, I.C. Descendente, Midheaven

En cualquier momento dado, algún punto del zodiaco está surgiendo en el oriente. Decimos que el Sol está saliendo, y los astrólogos llaman a este punto *Ascendente*, o signo que sale. De la misma manera, al mismo tiempo, algún signo del zodiaco se está poniendo en el occidente. A este punto se le llama *Descendente*, y representa el punto en el horizonte occidental.

El Sol está en su punto más alto (de culminación) y en su punto más al sur[1] en el día cuando está a la mitad del periodo entre el momento en que sale y el momento en que se pone. Esto corresponde más o menos al medio día.[2]

1. En el Hemisferio Norte es el punto más al sur. En el Hemisferio Sur, esta misma elevación de mayor altura es el punto *más al norte* para el Sol en el día.

2. La razón de que digamos "más o menos" es que nuestros relojes marcan una especie de hora "promedio" que también se establece para cierta longitud en la Tierra que es cercana a la nuestra, pero no es precisamente la nuestra, excepto para las personas que viven exactamente en lo que se llama "Meridianos Estándar de Tiempo". La Hora Oriental en Estados Unidos corresponde a un meridiano con una longitud de 75 grados al oeste, la Hora Central corresponde a 90 grados al oeste, la Hora de las Montañas a 105 grados al oeste, y la Hora del Pacífico a 120 grados al oeste, etc. Además, durante más de medio año, nuestros relojes se adelantan con el "Horario de Verano" para ahorrar la luz diurna.

El punto que está a la mitad del trayecto entre la salida y la puesta, se llama Midheaven, o en latín Medium Coeli,[3] o con la abreviatura M.C. A la mitad del trayecto entre el ocaso y la aurora, el Sol llega al punto más bajo (de anti-culminación) debajo del horizonte y está en su punto más al norte,[4] que corresponde a la media noche.[5] El punto del zodiaco que está a la mitad del trayecto entre el ocaso y la aurora recibe el nombre latino de *Imum Coeli,*[6] cuya abreviatura es I.C.

Como desde hace mucho los astrólogos conocen la relación que existe entre los planetas y los ángulos, siempre han dedicado su mayor atención a los planetas que están cerca de estos ángulos en la carta. Por lo tanto, cuando se hacen cartas para la Luna Nueva, la Luna Llena o los eclipses del Sol o de la Luna, siempre se ha considerado necesario ubicar los lugares de la Tierra en que los planetas están en relación con los ángulos.

La idea es ser capaz de encontrar dónde podrían estar esos lugares en la Tierra para así descubrir los puntos en que cada planeta es más poderoso en ese momento.

---

3. Que significa exactamente "la mitad del cielo".
4. Por supuesto, en el Hemisferio Sur, a la media noche el Sol está en su *punto más al sur*, al estar en su punto más bajo detrás del horizonte.
5. También aquí diríamos "más o menos", a causa de los tiempos promedio y de las zonas de tiempo que se acaban de mencionar.
6. Que significa "el punto más bajo en el cielo".

Porque, según la astrología, si podemos descubrirlos, deberíamos ser capaces de decir qué partes del mundo serán afectadas con más fuerza en un momento en particular, y qué planeta las afectará.

El verano de 2001

Los ataques del 11 de septiembre ocurrieron en los últimos días de un verano en que el Sol estaba en el signo de Virgo. Sin embargo, la estación del verano empezó con la entrada del Sol al signo de Cáncer. Por consiguiente, para analizar la estación del verano como un todo, desarrollaríamos una carta para el momento exacto en que el Sol entró a Cáncer, y luego buscaríamos los patrones que podrían estar detrás de los ataques. Ver la figura 7 en la página 307. Aquí no estudiaremos toda la carta, sólo al planeta Neptuno, un planeta que se dice está conectado con asuntos ocultos e invisibles, y cuando aparece su aspecto negativo, con actos de traición cuya intención es debilitar.

Como hemos dicho, en todo momento un planeta está surgiendo, culminando, poniéndose o anti-culminando, desde nuestro punto de vista en la Tierra. Lo que ocurre en realidad es que todos los puntos en que un planeta surge y se pone están en un círculo[7] que rodea la Tierra.

---

7. Es una banda angosta o círculo, que se conoce como eclíptico, y que es el plano de la órbita aparente del Sol alrededor de la Tierra. Todos los planetas orbitan dentro de esta banda, que se extiende aproximadamente 23.5 grados al norte y al sur del plano de la ruta orbital de la Tierra y el Sol.

La figura 8 en la página 308 muestra el mapa de la Tierra en el momento en que el Sol entró a Cáncer, con círculos que representan los lugares en que Neptuno estaba surgiendo, poniéndose, culminando o anti-culminando.

Podemos ver el círculo que representa a Neptuno en el MC (mitad del cielo) bajando por la Tierra de norte a sur y atravesando la Costa Este de Estados Unidos en el noreste. A la izquierda del mapa, una línea blanca muestra dónde estaba surgiendo Neptuno. El problema que tenemos con este tipo de mapa del globo es que no podemos ver los lugares donde Neptuno estaba en I.C., y donde se estaba poniendo, respectivamente, porque están al otro lado del globo. De modo que preferimos usar el tipo estándar de mapa que muestra todo el mundo a la vez. Ver la figura 9 en la página 309.

La línea vertical a la izquierda, que se extiende a través del este de Asia, conecta los puntos donde Neptuno está en el I.C. La línea curva que está a la izquierda conecta los lugares donde Neptuno está surgiendo. La línea vertical que atraviesa el este de América del Norte conecta los lugares en que Neptuno está en M.C. y la línea curva que pasa por Europa y África conecta todos los lugares en que Neptuno se está poniendo.

La razón de que las líneas del surgimiento y la puesta sean curvas y de que las líneas del M.C. y del I.C. sean rectas, es el tipo de matemáticas que se usan para convertir al globo terráqueo de ser una esfera a ser un rectángulo plano. Como vimos en el mapa del globo en la Figura 8, tanto la línea del surgimiento como la del ocaso, y las de M.C/I.C. son en realidad círculos que rodean el mundo.

Con la ayuda de los Mapas Astrales podemos ver todos los lugares de la Tierra que fueron fuertemente afectados por Neptuno en el momento en que el Sol entró al signo de Cáncer.

La naturaleza de estas cartas, que se desarrollan para el inicio de las estaciones, es mostrar indicaciones respecto a los siguientes noventa días (aproximadamente) hasta que empiece la siguiente estación. Aunque el Sol, la Luna y los planetas (incluyendo a la Tierra) siguen en sus órbitas, los efectos que se determinan en la carta del nacimiento, permanecerán constantes.

Así como nuestro código genético se codifica en la concepción, la impresión planetaria se fija en el momento en que inicia la estación, la Luna Nueva, o el nacimiento sin importar de qué tipo sea. La impresión sólo será reemplazada cuando el Sol entra al signo de la siguiente estación o cuando nace otra Luna Nueva, por ejemplo.

Ahora que ya tenemos una idea de lo que son los Mapas Astrales, podemos analizar un mapa del mundo que nos muestra, no sólo al planeta Neptuno, sino también a todos los demás planetas. Ver la figura 10 en la página 310.

Tal vez este mapa perezca confuso por tener tantas líneas. Se podría decir que con tantas líneas ningún punto de la Tierra está muy lejos de estar en una o en otra línea. Es cierto, pero debemos recordar varias cosas. En primer lugar, cada parte del mundo sólo está bajo el efecto de los planetas cuyas líneas la atraviesan, y de acuerdo con la naturaleza de ese planeta. Las líneas de cada planeta tienen efectos diferentes. En segundo lugar, como este mapa de todo el mundo está hecho en un formato bastante pequeño, es fácil pasar por alto el hecho de que los lugares de la Tierra tienen que estar bastante cerca de una línea para que ese planeta los afecte fuertemente. Cuanto más cerca estén de la línea, más pronunciados son los efectos, pero algunos efectos pueden sentirse hasta a 700 millas de distancia.[8]

Incluso en una escala tan pequeña como esta, podemos ver algunos patrones de gran escala. Notemos que las líneas verticales de M.C y I.C. se agrupan fuertemente sobre las costas este y oeste de Estados Unidos, y también sobre el medio oriente. Notemos el grupo específicamente fuerte que pasa sobre Afganistán. Esto indica que estas dos áreas serán centros de preocupación durante el verano de 2001. Y antes de que alguien pregunte si alguno de nosotros vio venir algo de tal magnitud, ¡la respuesta es sí!

8. Jim Lewis & Ariel Guttman, *The Astro*Carto*Graphy Book of Maps [El libro de mapas de Astro*Carto*Grafía]* (Llewellyn, 1989).

Tanto yo como Jim Shawvan de San Diego escribimos artículos en la revista *Mountain Astrologer* [Astrólogo de la Montaña] advirtiendo de los signos de guerra que aparecían en 2001.[9]

Veamos ahora un acercamiento de los Estados Unidos. Ver la figura 11 en la página 311. Como podemos ver, pasan varias líneas sobre la costa oeste. Conectan con fuerza los lugares por los que pasan con las energías de la carta como un todo. Aquí se debe considerar que el Sol y la Luna atraviesan los Estados Unidos, no sólo sobre la costa oeste de este país. También debemos notar que la línea M.C. de Marte pasa cerca de la costa oeste. El conjunto de todo esto indica que la región de la costa oeste no está siendo fuertemente afectada en forma negativa en esta carta, pero que los Estados Unidos como un todo sí lo están.

¡Pero observemos la costa este! Ahí vemos que la línea M.C. de Neptuno pasa muy cerca de la ciudad de Nueva York y que la línea ascendente de Saturno atraviesa el sur de Maine. Cuando el Vuelo 175 de United Airlines salió del aeropuerto Logan en Boston, voló hacia el oeste hasta que pasó sobre el Río Hudson. Entonces se dirigió hacia el sur y hacia la Torre Norte del World Trade Center.

9. Ver Jim Shawvan, *"The Red Planet and the White House: Mars in the Presidency of George W. Bush"* [El planeta rojo y la Casa Blanca: Marte en le presidencia de George W. Bush], en la revista *Mountain Astrologer*, abril/mayo 2001, y Robert Hand, *"A Crisis of Power: Saturn and Pluto Face Off"* [Una crisis de poder: Saturno y Plutón inician el juego] en la revista *Mountain Astrologer*, agosto/septiembre 2001.

Al hacerlo viró hacia el sur pasando muy cerca de la línea M.C. de Neptuno y luego tomó un curso paralelo a ella dirigiéndose a la ciudad de Nueva York.

¿Qué nos indica el sur de Maine? Por lo menos dos de los secuestradores abordaron aviones en Portland, Maine, y viajaron al Aeropuerto Logan en Boston. En Logan abordaron los vuelos transcontinentales que se estrellaron en el World Trade Center. Como se mencionó antes, Neptuno, en sus peores aspectos, es engañoso, oculto y encubierto. Los astrólogos consideran que Saturno en sus peores aspectos es "muy maléfico", es un planeta que puede simbolizar grandes daños.[10]

¿Qué se puede decir del Medio Oriente?

Recordemos que los lugares donde caen las líneas del Sol y de la Luna son de especial importancia. En esta carta, las líneas de M.C. del Sol y de la Luna atraviesan Afganistán y Pakistán. Ver la figura 12 en la página 312. Recordemos que las líneas de I.C. de estos dos puntos atravesaron Estados Unidos. La línea M.C. de Júpiter pasa sobre la frontera de Afganistán e Irán, y cerca de ella está la línea M.C. de Mercurio.

10. En ambos casos los planetas están en sus peores aspectos. En la astrología de individuos e incluso en la astrología del mundo, que es lo que estamos analizando aquí, ambos planetas tienen también aspectos constructivos. El problema es que en la astrología del mundo es muy frecuente que aflore el peor aspecto (lo que no es tan frecuente en la astrología natal).

Una de las sorpresas fue que Irán, por razones propias, no ha sido totalmente hostil a los esfuerzos estadounidenses de sacar a Bin Laden y a sus secuaces de la organización Qaeda de Afganistán. Aunque Irán no tiene interés en ayudar a Estados Unidos, tampoco le interesa ayudar a los dirigentes del Talibán de Afganistán. (En octubre, Irán estuvo de acuerdo en ayudar a rescatar al personal militar norteamericano que quedó atrapado en tierra.) Después, moviéndose hacia el oeste, están las líneas I.C. de Marte y Plutón, respectivamente. También pasan por Irán y Arabia Saudita.

No todo está completamente bien respecto a Irán, Marte es el planeta de la guerra y de la ira, y Plutón indica obsesiones muy profundas, y como Neptuno, a menudo se relaciona con acciones encubiertas. Estas líneas que pasan por Arabia Saudita indican que este amigo tal vez no sea tan amigable como parece.

Después tenemos que la línea de M.C. de Saturno pasa por Yemen, Arabia Saudita e Irak. En realidad pasa muy cerca del lugar en que fue atacado el U.S.S. *Cole* en octubre de 2000.

El hecho de que la línea de M.C. de Saturno atraviese Irak con la línea ascendente de Saturno en el sur de Maine podría indicar una conexión entre estos dos lugares. ¿Tuvo Irak algo que ver con esto? Estas líneas están lejos de ser concluyentes, pero son muy sugestivas.

Conclusión

Otros artículos de este libro describirán la técnica para hacer Mapas Astrales en acción y de forma más completa. Sólo cuando los Mapas Astrales de varias cartas indican la misma dirección general, puede uno empezar a descifrar realmente las líneas y ver qué partes del mundo van a estar más afectadas en realidad.

Sucesos "gemelos"

STEPHANIE CLEMENT

Este libro se concentra en el terrorismo y en sus efectos, pero su concentración inmediata está en dos ataques (ataques gemelos) a dos sedes de poder en los Estados Unidos. El primer ataque, contra las torres gemelas, golpeó el corazón del distrito financiero de la Ciudad de Nueva York. El segundo ataque, contra el Pentágono, golpeó el corazón de su base militar y política: Washington, D.C.

Una de las cosas más fascinantes que puede considerar un astrólogo es la razón de que dos entidades, por ejemplo los gemelos, lleven vidas muy diferentes. De hecho, éste ha sido uno de los argumentos que se usan para invalidar a la astrología. Los escépticos preguntan: "Si la astrología puede definir a un individuo o a un suceso, ¿díganme entonces por qué los gemelos, que nacieron casi al mismo tiempo, pueden llevar vidas tan diferentes?"

La respuesta es: Una persona tiene el libre albedrío para actuar en sus pensamientos y deseos en una forma que se alinea con sus creencias y valores centrales individuales. Aunque hubieran aparecido las mismas influencias astrológicas sobre la vida de todos el 11 de septiembre, muchos otros factores eran diferentes.

En astrología, el momento y ubicación exactos de un nacimiento son exclusivos de un individuo, como lo es su huella digital. Y así como no nos sentimos atraídos a todas las personas que conocemos, tampoco lo estamos a responder a otras influencias en la misma forma que todos los demás. Respondemos de acuerdo con las características (astrológicas, al igual que adquiridas) que distinguen a una persona de otra. E incluso dentro de las limitaciones de la genética y el medio ambiente, tenemos libre albedrío.

Durante los meses o años recientes, no todo el mundo ha tramado en secreto asesinar personas y destruir propiedades. Por el contrario, cosecharon fruta madura, se ocuparon de su hogar o de sus negocios y jardines, trabajaron en proyectos, y lograron tareas que requieren pensamiento crítico y la capacidad para resolver problemas.

Millones de norteamericanos estaban dedicados a diversas facetas de estos procesos creativos al mismo tiempo que unos cuantos terroristas se dedicaban o se involucraban en actividades destructivas.

Entonces, ¿qué tienen que ver estos actos terroristas con la astrología de los gemelos? En mi investigación sobre gemelos[1] descubrí que a menudo existe un conjunto de sucesos que le ocurren al gemelo que nació primero y luego al que nació después. Existe un segundo conjunto de sucesos que le ocurren primero al segundo gemelo y después al primero. Y también hay sucesos que le ocurren a un gemelo y nunca ocurren en la vida del otro gemelo.

Este es un ejemplo: Después de que una gemela se cayó y se lastimó severamente la cabeza, la madre se preocupó de que la otra tuviera un accidente similar. Yo pude asegurarle que la segunda gemela estaba segura. La razón: La energía reflejada en la carta de la gemela que se lastimó nunca aparecería en la otra carta —la influencia astrológica había pasado cuando nació la segunda gemela.

Esto fue sorprendente, tomando en cuenta la brevedad del periodo que hay entre el nacimiento de la mayoría de los gemelos. Sin embargo, este mismo efecto ocurrió entre las cuatro explosiones de los aviones del 11 de septiembre de 2001. Nada pudo haber evitado los secuestros, dada la seguridad con que los aeropuertos cuentan actualmente. Lo que sí cambió en forma dramática fueron los resultados. Las torres del World Trade Center quedaron completamente destruidas, pero miles de personas escaparon de la Torre Sur antes de ser atacada y de que al final se derrumbara.

1. La Dra. Stephanie Clement, realizó un extenso estudio sobre el nacimiento de gemelos, y saca sus conclusiones a partir de más de 400 cartas que analizó.

Se cree que tanto el avión que cayó en el Pentágono como el que se estrelló en Pennsylvania no dieron en lo que eran sus blancos primordiales: la Casa Blanca y el Capitolio. El momento eficaz había pasado. ¿Cómo saben esto los astrólogos? Los astrólogos utilizan el momento en que despega un avión para determinar lo que ocurrirá en el vuelo: el momento del despegue es el "nacimiento" de ese vuelo. Las horas exactas de los cuatro despegues del 11 de septiembre tuvieron intervalos de 12 minutos entre ellas.

A lo largo de este libro, se describen sucesos que se basan en la hora exacta en que los aviones se estrellaron. La razón es que los estrellamientos en sí son sucesos de máxima importancia, y cada suceso tiene su propia carta de "nacimiento". Por analogía, cada miembro de una pareja de casados tiene su propia carta de nacimiento, pero para estudiar el curso del matrimonio en sí, se usa una carta del momento del matrimonio. Los resultados de los cuatro vuelos se reflejan en las cartas de su despegue. De hecho, como los cuatro vuelos eran parte de un complot terrorista, el primer despegue revela con exactitud los cuatro sucesos. Las demás horas de despegue se pueden comparar con la hora del nacimiento del segundo niño y de otros que nacieran en un parto múltiple.

Las cartas de los dos aviones que se estrellaron en el World Trade Center, el primero a las 8:46 a.m.

y el segundo a las 9:03 a.m., están dentro del intervalo normal del nacimiento de gemelos. (Existe un desacuerdo en los medios sobre las horas exactas de estas explosiones. Los astrólogos se inclinan hacia las dos horas que se mencionan aquí, pero los autores de este libro han usado diferentes horas en sus escritos. Además está la cuestión de qué reloj es el más exacto).

Como se notará al observar las cartas de las dos explosiones, varios planetas están en diferentes sectores. Las cartas astrológicas están divididas en doce sectores, o casas. Cada sector es como el cuarto de una casa, y se adapta a diferentes tipos de actividades en la carta. Los planetas que entran a los distintos sectores son Mercurio, Venus, Saturno y Plutón. Explicaré esto con más detalle más tarde, pero vemos primero la ubicación del Sol en estas cartas y lo que eso significa en los ataques.

Qué es la carta de un suceso y cómo funciona

En las cartas de los sucesos, el Sol y la Luna tienen papeles muy importantes. El Sol muestra en qué consiste realmente el suceso, y la Luna muestra la acción. La carta es más o menos como una obra teatral. El Sol es la trama general, el tema. (Por ejemplo, el tema de *Hamlet* es vengar la muerte del padre). Y la Luna es la acción que resulta de las emociones y sentimientos. (La acción en *Hamlet* ocurre cuando

Hamlet hace el complot para conseguir la prueba que necesita, cuando incrementa su valor para tomar venganza, y finalmente cuando la lleva a cabo).

La carta de un suceso se centra en el momento del suceso. La carta de tu nacimiento es un tipo de carta de un suceso; en ese caso el suceso es el nacimiento. En la carta de un suceso, el signo del Sol y su ubicación en la carta dan al astrólogo indicios de la naturaleza del suceso. En la carta de tu nacimiento, por ejemplo, el signo del Sol indica cómo son tu personalidad y tu carácter. La Luna dice cómo podría desenvolverse tu vida. Esto también se aplica a otros planetas.

Planes secretos llevados a cabo por seguidores secretos

En las cartas del ataque a las torres gemelas, el Sol está en Virgo. A continuación presento generalizaciones sobre el signo de Virgo, y como con cualquier otro signo, deben considerarse como tales. Virgo es el signo de los seguidores. Un Sol con signo de Virgo podría estar siguiendo caminos que indican otros factores en la carta del nacimiento, al igual que los dictados del propio corazón de la persona. Incluso los terroristas siguen a su propio corazón cuando se comprometen con sus líderes.

Los Virgo a menudo están dispuestos a permanecer entre bastidores, y esto ocurre especialmente cuando el Sol Virgo está en la duodécima casa. La duodécima casa, por ejemplo, es apropiada para actividades privadas, incluso secretas. En la carta de la explosión, el Sol Virgo podría indicar que la persona que hizo la planificación era el segundo al mando de un líder más dinámico. Este hecho se comprueba en un artículo de Joyce M. Davis del *Washington Bureau*, que apareció en los periódicos el 15 de octubre de 2001.

Davis escribe que se considera que el Dr. Ayman al Zawahiri, que nació en Egipto en 1951, fue el "genio de la estrategia que transformó la generosidad de [Osama] Bin Laden en una campaña terrorista bien organizada". Se considera que Zawahiri es más peligroso que Bin Laden. Es la mente maestra que está detrás del concepto de las células terroristas, y es muy convincente para hacer que otros realicen el trabajo que le corresponde a él.[2]

Gracias a otros reportajes noticiosos, nos hemos enterado del grado de entrenamiento y planificación que se necesitan para llevar a cabo con éxito el secuestro de cuatro o más aviones, tomar el mando y dirigirlos hacia sus objetivos.

La evidencia que se ha encontrado en las casas y automóviles de los terroristas indica que al planear estos ataques, investigaron las aerolíneas, las rutas de los vuelos, las horas de despegue y muchos otros factores.

2. *St. Paul Pioneer Press*, 15 de octubre de 2001. El artículo también está disponible en línea en: www.pionerplanet.com/news.

Los terroristas dedicaron su vida a llevar a cabo su misión, entrenándose como pilotos, decidiendo cómo llevarían a cabo sus tareas individuales, y aceptando el suicidio como parte de sus acciones. Su atención extrema a los detalles del ataque es coherente con lo que sabemos de Virgo. Los Virgo se inclinan al idealismo; en ocasiones son reservados o titubeantes en cuanto a participar plenamente en la vida y toleran bien la soledad. Sin embargo, es importante recordar que estas actividades representan sólo algunas de las facetas de Virgo; existen muchas otras cualidades Virgo que la persona puede desarrollar. Los terroristas se identifican con lo que algunos llamarían el aspecto oscuro.

Los astrólogos se preguntan si el Pentágono era un blanco primario.[3] Sin embargo no hay duda de que las torres del World Trade Center fueran el objetivo de los terroristas. El Sol Virgo está en el sector de la carta que comúnmente se identifica con los secretos, las actividades privadas, las emboscadas, los complots, la autodestrucción, el suicidio y la traición, en general. Por tradición, los astrólogos identifican esta pareja con enemigos secretos u ocultos. También se relaciona con la mente inconsciente, la parte más oculta de nuestra psique. La carta de la primera explosión refleja una acción que se inició y se llevó a cabo por enemigos ocultos.

3. Ver Kris Brandt Riske, "Los objetivos" en este libro, para una descripción más completa de los posibles objetivos de los ataques.

Los ataques fueron planeados en secreto, quizá años antes de que realmente ocurrieran.

El signo de los gemelos

El 11 de septiembre, la Luna estaba en Géminis, el signo de los gemelos. A menudo sucede que las cosas que ocurren mientras la Luna viaja a través del signo de Géminis involucran dos tipos de comunicación, o dos clases de acción. La Luna en Géminis indica una cualidad intelectual. Las emociones fluctuan, como si estuvieran flotando en la brisa. Existe una cualidad de inquietud, como un niño que acaba de entrar a la escuela y todavía no ha aprendido a sentarse quieto. La Luna Géminis se relaciona más con sucesos y lugares fuera del hogar.

El 11 de septiembre la Luna estaba en menguante (en el tercer cuarto) acercándose a la Luna Nueva que ocurriría el 17 de septiembre. Esta fase de la Luna refleja una crisis en la conciencia. Después del suceso, algo nos impulsa a germinar nuevas actitudes y a revisar la forma en que hemos estado actuando.[4] Los cambios se basarán en consideraciones cuidadosas de toda la información disponible. Debemos notar que incluso mientras los Estados Unidos atacaban las fortalezas terroristas en Afganistán, se estaban distribuyendo por vía aérea alimentos y provisiones al pueblo Afgano.

4. Ver Robert Hand, "¿A dónde vamos a partir de ahora?" en este libro; contiene una descripción más detallada de los ciclos planetarios.

En la carta de cualquier suceso, la Luna refleja la acción. En este caso, la Luna estaba en Géminis en el noveno sector de la carta.[5] En esta parte de la carta, la Luna nos muestra que el suceso incluye viajes. Hubo cuatro aviones y sus tripulaciones y pasajeros que viajaban por el país. También hubo terroristas que habían viajado desde países lejanos para secuestrar los aviones. Finalmente, vimos que los aviones viajaron hasta estrellarse contra los objetivos seleccionados por los terroristas. Todo esto se relaciona directa o indirectamente con las explosiones.

Mercurio transmite el mensaje

He hablado sobre la naturaleza emocional de Géminis, pero en mi opinión, la clave para estos sucesos gemelos es el planeta Mercurio. En términos astrológicos, Mercurio refleja la naturaleza del intelecto (la forma en que pensamos), el lenguaje y las comunicaciones. Mercurio toma su nombre de Hermes, en la mitología griega, y era el "mensajero de los dioses", y como tal llevaba comunicaciones entre los mortales que vivían en la Tierra y los dioses. Cualquier vínculo entre lugares distantes establece una comunicación, de modo que los vuelos aéreos en si son una clase de comunicación.

5. La Luna en la Novena Casa, o sector, indica, entre otras cosas: mercancías públicas y los comerciantes que las manejan, escritorios, conductores de vehículos, información y la forma de darla a conocer, publicaciones, reportajes, Arabia Saudita, corredores de la bolsa de valores, y comercio o ventas. En el World Trade Center había personas de muchas naciones, y se dedicaban a todas las actividades antes mencionadas.

Mercurio es el más rápido de los planetas, y recorre su órbita alrededor del sol aproximadamente tres veces al año. Representa con precisión la naturaleza de nuestras comunicaciones modernas, que en segundos nos ponen en contacto con los reporteros que están en Afganistán.

En las horas que siguieron a los ataques, los norteamericanos recibieron dos mensajes con toda claridad. El primer mensaje se relaciona con la seguridad. Entendieron que nada está seguro, no lo está Nueva York, no lo está Washington, en realidad, no lo está ningún otro lugar del mundo. El segundo mensaje se relaciona con el poder. Los norteamericanos entendieron, por primera vez, lo poderoso que es el odio que algunos individuos sienten hacia los norteamericanos y su forma de vida, que están dispuestos a llegar a los extremos para demostrarlo. También aprendieron lo que es el poder del miedo. El miedo pulverizó a una nación llena de actividad llevándola casi a la inmovilidad en unas cuantas horas.

Han recibido otros mensajes y han comprendido otras cosas en las semanas que siguieron a los ataques. No están dispuestos a sentirse impotentes mucho tiempo. Los gobiernos están trabajando veinticuatro horas al día para encontrar la mejor manera de acabar con el problema del terrorismo. Naciones que no se habían comunicado en décadas ahora están expresando su deseo de reunirse alrededor de una mesa de debates y solucionar sus diferencias. Las personas se están comprometiendo con ayudar a otros. Los medios noticiosos pasan mucho tiempo informando al mundo sobre los problemas que están detrás del terrorismo.

En lugar de haberse acobardado y sometido, los pobladores de los Estados Unidos y del mundo están diciendo: "¡Basta! Estamos pensando en forma diferente sobre nuestras relaciones, nuestras lealtades y nuestra vida. Queremos que el mundo sea diferente". El gobierno de los Estados Unidos va a actuar. Su gente puede estar orgullosa de que sus líderes estén tomando en consideración las opiniones de la gente antes de actuar. Están consiguiendo la ayuda de otras naciones. Están tomando en consideración las vidas de millones de personas inocentes en Afganistán y otros países vecinos. Se han concentrado en un objetivo: el terrorismo. Su mensaje a las organizaciones terroristas es claro: No crean que podrán seguir actuando impunemente.

Venus y la conciencia social

El papel que el planeta Venus tiene en astrología es traer amor, armonía, belleza y amistad al mundo. Tal vez el lector se pregunta qué tienen que ver esas cualidades con los ataques al World Trade Center. Como en todas las circunstancias, existe una alternativa al amor que relacionamos con el romance, el matrimonio, la familia, o con el amor a las posesiones materiales. Existe un amor oscuro que se experimenta como codicia, avidez por el poder y una obsesión que puede llevar a la destrucción de la vida.

Sabemos que los secuestradores creían fervientemente en lo que estaban haciendo. Su amor y devoción a su causa, su avidez por ejercer poder sobre los norteamericanos y sobre el mundo, los llevaron a la profunda obsesión que terminó en la muerte y en una terrible destrucción. Fueron atraídos, como con imanes, a los centros de poder de los Estados Unidos.

Sabemos que los terroristas actuaron por devoción a su causa para remediar una situación que sus líderes consideran inaceptable. Sabemos que vivían juntos como unidades, o células, con el fin de ayudarse mutuamente en las formas más básicas. Las personas que ayudaron a otras a salir de los edificios a punto de derrumbarse, los bomberos y policías que entregaron su propia vida para salvar a otros, y los miles de rescatistas que trabajaron incansablemente para encontrar sobrevivientes —todos estaban respondiendo a la situación con amor, devoción y amistad.

Mientras que los secuestradores y las organizaciones terroristas fueron atraídos al lado oscuro del amor y la amistad, las víctimas y los sobrevivientes de los ataques respondieron a partir de la expresión más alta del amor que un individuo puede ofrecer a otro.

Cuando Venus salió del décimo primer sector, entró a una de las partes más poderosas de la carta astrológica. Tomó una posición de conciencia pública y de responsabilidad individual. Se requiere mayor madurez en todas las personas que se encargarán de los efectos de la tragedia. Se nos exige que consideremos los grandes problemas sociales que hasta la fecha se han resistido a la solución. El movimiento de Venus hacia la luz de la conciencia pública, indica un camino que podemos seguir a causa de estos sucesos. El poder que se nos está mostrando es el poder de la cooperación a nivel nacional y multinacional. Nuestra cooperación con otros hará mucho para restaurar la estabilidad financiera, y renovar nuestro sentido de armonía y optimismo.

La conexión de Saturno y Plutón

A lo largo de este libro, los autores mencionan frecuentemente a Saturno y a Plutón, y su relación en el firmamento en este momento. Están en partes opuestas de los cielos, casi a una distancia de 180 grados. Ambos planetas se mueven y entran a diferentes sectores de las cartas de las explosiones del World Trade Center. Esto crea una gran concentración en las actividades relacionadas con estos planetas.

Saturno es un personaje mitológico que frecuentemente se relaciona con el tiempo. Sus actividades están reglamentadas, y los astrólogos relacionan a este planeta con actividades serias, con el aislamiento y la falta de adaptabilidad. Esto significa que cuando ocurrió este ataque, había menos potencial para una respuesta rápida del que nos habría gustado. También significa que el terrorismo es una actividad seria, que tenemos que tomarla en serio. No podemos aislarnos y esperar que todo esté bien.

Plutón, el dios del inframundo en la mitología, a menudo se asocia con fuerzas invisibles, o con la mano de la providencia. Vimos la fuerza del inframundo cuando los aviones aparecieron en el cielo y se estrellaron contra los edificios. En un fuerte contraste, vimos la mano de la providencia cuando muchos miles de personas escaparon de los edificios que se estaban derrumbando. Las acciones relacionadas con Plutón en ocasiones son despiadadas, fanáticas y refrenan. Se me ocurren otras palabras que describen mejor la acción de los terroristas.

Juntos, Saturno y Plutón reflejan cualidades de crueldad, tendencia a la violencia, y una adhesión fanática a los principios personales. Esta combinación no es divertida. Incluso en la carta típica de una persona, esta combinación puede indicar la necesidad de cirugía radical, una actitud dura hacia otros y la negación de uno mismo. Los terroristas representan el extremo de esta difícil combinación de energías.

Aquí deseo dejar claro que todos tenemos a Saturno y a Plutón en algún lugar de nuestras cartas astrológicas, pero no todos nosotros somos fanáticos crueles. La mayoría aprendemos a domar nuestros impulsos destructivos. Podemos tener pensamientos poco admirables, pero decidimos no actuar de acuerdo a ellos. Las características más positivas que se relacionan con este par de planetas incluyen el trabajo arduo, la capacidad para persistir en una meta cuando otros ya se han dado por vencidos, y una búsqueda profunda de respuestas científicas, por mencionar algunas.

Como Saturno y Plutón están actualmente en partes opuestas del cielo, los astrólogos buscan sucesos y situaciones que son obvias. La conciencia es la cualidad que se relaciona en forma más cercana con esta oposición. Ciertamente percibimos las crueles mentes que estuvieron detrás de estos ataques a medida que las noticias fueron apareciendo posteriormente.

Quienes se sospecha perpetraron este crimen vienen de una tradición religiosa que incluye la opresión, el trato cruel a las mujeres y lo que sólo podemos considerar la dureza de corazón del extremista. Debemos recordar que esa misma tradición ha producido arquitectura hermosa y la sabiduría mística del Islam y del Sufismo. También debemos señalar el profundo heroísmo de los bomberos, la policía y el personal de emergencia que entraron en acción en una situación que llegó a ser su última acción en esta vida. Nada tiene sólo un aspecto, y mucho menos una combinación de planetas en lados opuestos de los cielos.

El otro par de aviones

Al parecer, el segundo par de aviones secuestrados se dirigía a Washington D.C. Uno se estrelló en el Pentágono y el otro en Pennsylvania. El segundo par de cartas relacionadas con estas colisiones es un poco diferente a las cartas del World Trade Center, pero esas diferencias revelan los resultados que fueron tan diferentes. Aunque las horas de las colisiones están a una distancia de veintisiete minutos, ninguno de los planetas entraron a diferentes sectores. De hecho, sólo el plantea Urano entró a nuevo sector en la carta de la segunda colisión en el World Trade Center. La razón es que los planetas permanecen en el mismo sector durante aproximadamente dos horas.[6]

Al avanzar el tiempo, a partir de la primera colisión en el World Trade Center, la tensión que se refleja en las cartas astrológicas disminuye.[7]

6. Hay doce sectores, o casas, en la carta. Por consiguiente, los planetas pasan a través de cada sector aproximadamente en un periodo de dos horas.

7. En la carta de la primera colisión (8:46 a.m.) hubo cuatro aspectos de 165 grados, lo que incluye uno de Marte al Midheaven, a dos minutos de *arc exactness*. Este aspecto indicó la naturaleza obsesiva de los ataques; los perpetradores estaban totalmente obsesionados con sus metas. En la carta de la segunda colisión, el aspecto de Marte y el Midheaven se sustituye por un quindecile de Neptuno al Midheaven y este es un aspecto pasado, ya ha ocurrido. En las colisiones del Pentágono y Pennsylvania, no hay quindeciles hacia el Midheaven ni Ascendentes, lo que indica que se redujo la energía obsesiva.

Es posible que los secuestradores de los aviones posteriores tuvieran más tiempo para pensar en lo que estaban haciendo. El nivel de adrenalina se estaba equilibrando, y estaban ligeramente menos decididos respecto a sus metas.

Aunque varios astrólogos famosos pronosticaron que septiembre sería un periodo difícil, y uno pronosticó un ataque terrorista entre el 11 y el 13[8] de septiembre, ningún astrólogo podía haber señalado los objetivos. Sin embargo, si los Estados Unidos iban a ser el objetivo, el World Trade Center, la Casa Blanca y el Pentágono serían objetivos probables, pues simbolizan el poder financiero, político y militar de este país, y por extensión de todo el mundo libre. Ahora los terroristas están descubriendo que han puesto el sentimiento del público, incluso en naciones predominantemente musulmanas, en su contra. Pocas personas están dispuestas a condonar este tipo de acción, o al menos nadie está dispuesto a dar un paso al frente y aceptar que estuvo involucrado en ella.

Conclusión

En mi opinión, no se podría haber hecho nada para impedir este ataque, excepto cambiar nuestra manera de realizar negocios cada día.

---

8. Lynne Palmer, en su publicación anual *Astrological Almanac for 2001* [*Almanaque astrológico para 2001*] (Star Bright Publishers, 2000) señaló estas fechas meses antes del día del ataque.

La combinación de lo secreto y lo ordinario hacen muy difícil eliminar cualquier posibilidad de actos terroristas. Sin embargo, habiendo sido testigos de estos sucesos, en el futuro será mucho más difícil secuestrar un avión. Los pasajeros no estarán dispuestos a quedarse sentados mientras unas cuantas personas tratan de tomar el control. Las líneas aéreas y los gobiernos tomarán medidas más radicales para impedir los secuestros. Estas medidas no eliminarán al terrorismo, pero harán que sea más difícil llevarlo a cabo, al menos en los aviones.

La estructura choca con las creencias

ROBERT HAND

Aproximadamente cada treinta años, Saturno y Plutón se alinean en un solo grado en el zodiaco. A esto se le llama conjunción. Más o menos de cada quince a diecinueve años después de esta conjunción, los dos planetas llegan a grados opuestos en el zodiaco. Esto se llama oposición.

Esta es una combinación difícil pues indica escasez, tiempos difíciles, y la necesidad de incrementar en gran medida la fortaleza de quienes los experimentan.

En el siglo XX, todas las combinaciones de Saturno y Plutón, ya sea por conjunción, por oposición, o cuadradas (a la mitad del camino), han coincidido con guerras de diversos grados de severidad, depresiones económicas, y desde la Segunda Guerra Mundial, con periodos de alta inestabilidad en el Medio Oriente. Entre el 5 de agosto de 2001 y el 26 de mayo de 2002, ocurrirán tres oposiciones de

Saturno y Plutón.[1] La primera fue el 5 de agosto, la segunda el 2 de noviembre y la tercera será el 26 de mayo de 2002.[2]

Las oposiciones del 5 de agosto y del 2 de noviembre son de gran importancia para nosotros, porque la primera oposición ocurrió en el grado exacto del Ascendente, o grado que sube, en la carta del nacimiento de los Estados Unidos.[3] Esto señala a los Estados Unidos como una nación que experimentaría muy fuertemente los efectos de la oposición.

La segunda oposición no está muy lejos de la primera. Sin embargo la de mayo de 2002, está bastante lejos de la Ascendente en la carta de Estados Unidos. Si la carta de las 5:10 p.m. es correcta (y basándonos en los sucesos del 11 de septiembre, creemos que lo es) , entonces indica que las partes más difíciles de la guerra contra el terrorismo habrán terminado para noviembre. Pero como Saturno continua moviéndose por la Descendente de la carta, las cosas no serán fáciles por algún tiempo.

1. Son tres oposiciones porque desde nuestra perspectiva en la Tierra, Saturno y Plutón parecen moverse juntos, separarse y luego moverse juntos tres veces antes de que Saturno se aleje de Plutón y siga adelante solo.

2. La primera oposición fue el 5 de agosto de 2001, con Plutón a 12 grados y 38 minutos de Sagitario y Saturno en posición opuesta a 12 grados y 38 minutos de Géminis. La segunda, el 2 de noviembre fue a 13 grados y 49 minutos de Sagitario y Géminis respectivamente. La tercera, el 26 de mayo de 2002, será a 16 grados y 35 minutos de Sagitario y Géminis.

3. El 4 de julio de 1776, a las 5:10 p.m. en Filadelfia. Para mayor información sobre la carta del nacimiento de Estados Unidos, ver Robert Hand, "La carta astrológica de los Estados Unidos", en este libro.

Qué representa la Ascendente

Se dice que la Ascendente en la carta de una nación describe sucesos que le ocurrirán a las personas, no tanto al gobierno. Aunque el Pentágono, un edificio del gobierno, fue atacado el 11 de septiembre, el mayor daño se causó a personas que tenían muy poco que ver con el gobierno federal: la gente que estaba en el World Trade Center en la Ciudad de Nueva York y en los aviones que fueron secuestrados. De hecho, se cree que varios aviones tenían el objetivo de estrellarse contra edificios en Washington D.C., incluyendo a la Casa Blanca y el Capitolio (el vuelo 93 de United Airlines que sale de Nebraska y otros dos aviones que salen de Newark). El vuelo 93 se estrelló en Pennsylvania, y a los otros dos se les ordenó aterrizar antes de que se pudiera hacer algo con ellos. Como resultado, el mayor daño se causó a miembros del público en general.

Otros indicios interesantes en el World Trade Center

Existe cierta disputa respecto a la hora exacta en que el primer avión se estrelló contra el World Trade Center, y las horas que se dan van de las 8:45 a las 8:46 y a las 8:48 a.m.[4] Por fortuna, este no es un tiempo suficiente para que haya diferencia en la Ascendente.

4. Para calcular la carta que se menciona en este artículo, se utilizó la hora de las 8:46.

(Un minuto representa aproximadamente un cuarto de grado, de un total de 360 grados.) La carta para esta hora muestra que la Ascendente de la carta del World Trade Center está en conjunción con Mercurio. Saturno, que estaba en el signo de Géminis, creaba una trina (120 grados) hacia la conjunción de la Ascendente y Mercurio.[5] Se considera que una trina es una relación muy fuerte y por lo general benigna, lo que usualmente tiene como resultado un equilibrio entre las diferentes energías, y por tanto las acciones son más fáciles y no obligadas por las circunstancias.

Sin embargo, otros factores astrológicos alteran esta evaluación típica. Los dos planetas Urano y Neptuno se están moviendo juntos, (transitando) a través del signo de Acuario. Cuando dos planetas están en el mismo signo, el punto medio[6] entre ellos es muy importante. El 11 de septiembre de 2001, el punto medio entre Urano y Neptuno era exactamente 120 grados a partir de la conjunción de la Ascendente y Mercurio por una parte, y a partir de Saturno por la otra.[7] Esto forma en el zodiaco un triángulo equilátero que los astrólogos llaman Gran Trino.

5. En la carta, la ascendente está a 14 grados Libra 21 minutos, y Mercurio está a 14 grados Libra 18 minutos.

6. El punto medio se determina dividiendo el número exacto de grados entre los dos planetas o puntos entre dos.

7. Neptuno estaba a 6 grados y 21 minutos de Acuario, y Urano estaba a 21 grados y 50 minutos de Acuario. El punto medio, era 14 grados y 6 minutos de Acuario.

Aunque se considera que el trino sencillo (120 grados entre dos planetas) se considera benigno, no así el gran trino. Es una disposición muy extraña y difícil de planetas. Existen varios factores astrológicos involucrados en este gran trino. A saber:

- Mercurio significa un anuncio o mensaje y tiene que ver con el transporte;
- Saturno indica restricción y separación, y tradicionalmente se dice que se relaciona con derrumbamientos de edificios o ruinas:
- Urano indica sucesos repentinos o sorprendentes; y
- Neptuno indica debilidad, asuntos ocultos y cosas que no están al descubierto.

Toda la combinación podría leerse más o menos así: Ocurre un suceso repentino, brota de algo secreto que tiene que ver con restricciones, o posiblemente con el derrumbamiento de edificios, y también se relaciona con el transporte. Saturno en Géminis, Géminis está muy relacionado con Mercurio, el planeta que se eleva a través de la Ascendente. Así que el transporte se relaciona con una manifestación repentina de algo secreto. Estas combinaciones se pueden leer en muchas formas, pero todas son muy pertinentes a los sucesos del 11 de septiembre.

¿Cómo se relaciona esto con la carta del 4 de julio de 1776? A las 5:10 p.m. de esa fecha, Saturno estaba exactamente en el mismo grado que ocupa Mercurio en la carta de la colisión del primer avión contra el World Trade Center; lo que significa que está vinculado con la gran trina. En la carta de las 5:10 de los Estados Unidos, Saturno está cerca del punto zodiacal más alto en el firmamento, y por consiguiente, corresponde al gobierno y a sus responsabilidades. Saturno tiene una fuerte conexión con el dinero y la economía. Aquí podemos ver el efecto económico más o menos difícil que todo esto está teniendo en el país.

Sin importar qué ocurra desde ahora y el final de esta lucha, es evidente que el 11 de septiembre de 2001, es una clara línea fronteriza en la historia de finales del siglo XX y principios del siglo XXI. Algunos incluso la han llamado el verdadero final del siglo XX.

¿Cuál será el efecto a largo plazo de todo esto en el país? Ese es un tema de otros artículos de este libro, por ejemplo: "El Nuevo Clima de las Inversiones".

Todos los ojos están sobre Osama Bin Laden

JONATHAN KEYES

En agosto de 1996, Osama Bin Laden emitió una proclamación de jihad (guerra o lucha santa) desde Afganistán. En su declaración escribió: "Mensaje de Osama Bin Laden a sus hermanos musulmanes de todo el mundo, en especial a los de la Península Arábiga: Declaración de jihad contra los americanos que ocupan la tierra de las dos mezquitas. Expulsad los herejes de la Península Arábiga".[1]

El 23 de febrero de 1998, *Al Quds*, un periódico árabe, publicó una proclamación de Bin Laden y muchas otras facciones islámicas militantes de Egipto, Pakistán y Bangladesh. En su "Declaración del Frente Islámico Mundial del Jihad contra los Judíos y los Cruzados", declaran que los musulmanes deberían matar a los soldados y civiles norteamericanos en cualquier parte del mundo.

1. "FBI Websites Document Evidence Against Bin Laden" [Webistes del FBI con Evidencia basada en documentos contra Bin Laden", disponible en http://usinfo.state.gov

En este segundo documento, que se publicó en su totalidad, Bin Laden enumera con exactitud las razones por las cuales está emitiendo esta declaración de guerra:

> Desde que Dios estableció la Península Arábiga, creó su desierto y convocó sus mares, la peor calamidad que ha caído sobre ella son estas huestes de Cruzados que se esparcen en ella como langostas, ocupando su tierra, comiendo su fruta y destruyendo su verdor; esta es una época en que las naciones luchan contra los musulmanes como comensales que pelean alrededor de un tazón de alimento.

Después de este principio poético, la proclamación declara las razones subyacentes a la declaración de guerra:

> En primer lugar, durante más de siete años, Estados Unidos ha estado ocupando las tierras del Islam en el más sagrado de sus territorios, Arabia, saqueando su riqueza, abrumando a sus gobernantes, humillando a su gente, amenazando a sus vecinos, y usando sus bases en la península como punta de lanza para luchar contra los pueblos islámicos vecinos.

> En segundo lugar, a pesar de la inmensa destrucción causada al pueblo iraquí a manos de la alianza de los Cruzados y los Judíos, y a pesar de la enorme cantidad de muertos, que exceden el millón, los americanos no obstante, y a pesar de todo esto, una vez más están tratando de repetir la terrible matanza. Parece que el largo bloqueo que siguió a una fiera guerra, el desmembramiento y la destrucción no es suficiente para ellos. Así que vienen hoy de nuevo a destruir lo que queda de la gente y a humillar a sus vecinos musulmanes.
>
> En tercer lugar, aunque los propósitos de los americanos en esas guerras son religiosos y económicos, también sirven al pequeño estado de Israel, para distraer la atención de su ocupación de Jerusalén y de sus asesinatos de musulmanes en ese territorio. No existe mejor prueba de todo esto que su ansia por destruir a Irak, el más fuerte de los estados árabes vecinos, y su intento por desmembrar a todos los estados de la región.[2]

En esta fiera proclamación de Bin Laden, quien ha sido proclamado jefe de la organización al Qaeda,

2. "Texto del Fatwah incitando el Jihad contra los americanos", *Al Quds al Arabi*, 23 de febrero de 1998; disponible en www.ict.org.il, con vinculo a los artículos.

encontramos algunas respuestas sobre la razón por que está librando una guerra santa contra Estados Unidos.

Osama Bin Laden

Bin Laden es el más joven de los veinte hijos de un barón petrolero de Arabia Saudita que es extremadamente rico. Nació en el lujo y se volvió radical después de haber experimentado tres sucesos importantes en su vida: los acuerdos de paz entre Egipto e Israel, en que Estados Unidos actuó como intermediario, el derrocamiento del sha de Irán en una revolución islámica, y la invasión soviética a Afganistán.[3] Después de la invasión soviética en 1979, Bin Laden viajó por los estados del Golfo Pérsico con el fin de reunir fondos para apoyar un jihad contra los soviéticos. Al viajar por Afganistán, Bin Laden quedó fascinado con un grupo de militantes islámicos fundamentalistas de Egipto conocidos como el Jihad Islámico Egipcio. Este es el mismo grupo que ayudó a asesinar a Anwar Sadat en 1981. En los ochentas, los Estados Unidos y la CIA ayudaron a financiar y a entrenar a los rebeldes que vivían en Afganistán y que estaban tratando de derrocar el régimen soviético. En esa época, Bin Laden fue uno de los asociados y aliados principales de los Estados Unidos.

3. Bernard Lewis, "Muslim Militants Reveal Different View of the World" [Los militantes musulmanes revelan una visión distinta del mundo] *Orgonian: Foreign Affairs*, 16 de septiembre de 2001, A14.

Para 1986, Bin Laden había establecido docenas de campamentos de entrenamiento en Afganistán para luchar contra los soviéticos. En ese año también estableció la organización Qaeda, que es una confederación de organizaciones terroristas que esperan producir un renacimiento fundamentalista del Islam.[4]

Finalmente, los soviéticos reconocieron la derrota total en 1989. Aunque el pueblo afgano estaba eufórico por la salida de los soviéticos, cuando la ayuda de Estados Unidos disminuyó, Afganistán quedó en ruinas y muchas personas murieron a causa de la desnutrición, la falta de suministro adecuados de agua y la falta de higiene.

Bin Laden creía que Estados Unidos había utilizado a los afganos simplemente como un instrumento para ganar la Guerra Fría contra los soviéticos, y empezó a dirigir su ira hacia los americanos.

En 1991, el conflicto entre Irak y los Estados Unidos se convirtió en la Guerra del Golfo Pérsico. Se apostaron muchas tropas en Arabia Saudita, la patria de Bin Laden. Esto lo enfureció aún más, y después de la derrota de Irak, Bin Laden y la al Qaeda se galvanizaron para dirigir sus ataques contra Estados Unidos.

4. Judith Miller, "Terror's Money Now Jihad Mastermind" [El dinero del terror es ahora la mente maestra de la Jihad], New York Times News Service, 16 de septiembre de 2001.

En 1993, los terroristas pusieron bombas en el World Trade Center con la esperanza de destruir sus cimientos y derribar los edificios. El plan falló, y los terroristas sospechosos fueron vinculados con la organización de Bin Laden. Después del intento de bombazo, los seguidores de Bin Laden pusieron bombas en dos puestos de Arabia Saudita y mataron a 24 soldados norteamericanos. Después el blanco de Bin Laden fueron dos embajadas, la de Kenya y la de Tanzania, donde murieron cientos de personas. Y más recientemente, en octubre del 2000, el barco de la marina, U.S.S. Cole, estacionado en Yemen, fue atacado por bombarderos suicidas de la al Qaeda, que asesinaron a diecisiete soldados norteamericanos.

Afganistán: un país asolado por la guerra

Para comprender mejor las razones de la enemistad de Bin Laden contra Estados Unidos, es importante estudiar la historia de Afganistán, el país donde reside. En ese país, cercado por tierra, uno de cada tres niños es huérfano, el hambre es generalizada, y sólo el 12 por ciento de la nación tiene acceso a agua que no esté contaminada. La gente vive de la ganadería y la agricultura. Los últimos veinte años (desde la invasión soviética) han sido un periodo de gran inquietud y derramamiento de sangre. Pero los conflictos no son algo nuevo para esta gente. Son muy independientes y luchan con fiereza para proteger a su país de invasores extranjeros.

El Gran Juego

Remontándonos a la historia, vemos que Afganistán siempre ha tenido una ubicación estratégica como país fronterizo entre Europa en el oeste y Asia en el este. Es la única nación que protegió a Pakistán y a la India ante las incursiones de los soviéticos durante la Guerra Fría. En el siglo XIX, tanto Inglaterra como Rusia deseaban controlar esta vasta región montañosa en lo que se conocía como el "Gran Juego". Los británicos invadieron Afganistán en 1839 pero se retiraron cuatro años más tarde cuando no pudieron ejercer control en este territorio.

En 1878, Inglaterra invadió de nuevo pero accedieron a Abdur Rahman Khan después de no ser capaces de mantener su autoridad. Inglaterra siguió teniendo tropas en ese territorio hasta 1919, cuando el nieto de Rahman dirigió un ataque contra las tropas británicas y tomó un control absoluto del país quitándolo de las manos de extranjeros.

Afganistán declaró su independencia en 1919 y elaboró una constitución en 1923. A lo largo de las décadas siguientes, Afganistán mostró preocupación ante la posibilidad de una invasión soviética y mantuvo buenas relaciones con países no comunistas. Los afganos trataron de establecer una democracia en la década de los sesentas, después de años de monarquía, pero no lo lograron. En 1978, los líderes que favorecían al comunismo y a la Unión Soviética, se apoderaron de Afganistán, pero los principios de este nuevo régimen eran contrarios a los fundamentos del Islam y un enclave rebelde conocido como el Mujahadeen, se enfrentó al nuevo gobierno. Para acabar con la rebelión y lograr el control de Afganistán, los soviéticos invadieron en 1979.

Esto inició una nueva etapa en la historia de Afganistán. Los soldados soviéticos tuvieron muchas dificultades similares a las que habían tenido los británicos para derrotar a los rebeldes afganos. El terreno era abrupto, las líneas de suministro eran difíciles y los nativos conocían bien el terreno, eran luchadores rudos y utilizaban tácticas de guerrilla para luchar contra los invasores. Los soviéticos fueron detenidos con una guerra parecida a la acción de los Estados Unidos en la guerra de Vietnam. Era una guerra imposible de ganar y las tropas soviéticas se paralizaron y se desmoralizaron.

El final de la Guerra Fría

En un marco de referencia más amplio, Afganistán simbolizaba el final de la Guerra Fría, ya que la antigua Unión Soviética llegó a ser incapaz de apoyar financieramente la guerra que se estaba librando en ese momento. Los soviéticos se retiraron de Afganistán y reconocieron la derrota en 1989. La Unión Soviética se disolvió en 1991, y el antiguo partido comunista fue derrocado.

Al desaparecer la ayuda militar y financiera de los países extranjeros al inicio de los noventas,

Afganistán tuvo que salir adelante por sí misma. El Muhajadeen fue capaz de derrocar al gobierno para 1992 y establecer su propio régimen, pero continuaron los enfrentamientos entre diversas facciones rebeldes.[5] Para 1996, un grupo conocido como el Talibán pudo lograr el control del 90 por ciento del país. La interpretación estricta del Corán que tiene el Talibán virtualmente dejó a las mujeres encarceladas, se les exigía que usaran la *burqa* (vestido tradicional femenino), ya no se les permitía ir a la escuela, conducir coches, cantar, reírse fuerte, trabajar, y hasta hablar con hombres que no fueran miembros de su familia. Los castigos a los criminales eran duros y no se toleraban diferencias religiosas.

En el año 2000, el Talibán empezó a derribar antiguas estatuas budistas. Muchas naciones alrededor del mundo, entre ellas Pakistán y la India, denunciaron la destrucción de las estatuas y trataron de convencer al Talibán para que dejara de hacerlo, pero no les fue posible. En épocas más recientes, el Talibán encarceló a ocho trabajadores extranjeros por predicar el cristianismo. Estaban en prisión y esperando juicio cuando ocurrieron los recientes ataques en Estados Unidos.

5. Molly Moore, "Bin Laden Cash, Recruits Build up Taliban" [El dinero de Bin Laden, los reclutas fortalecen el Talibán] *Los Angeles Times-Washington Post Service,* 16 de septiembre de 2001. Molly Moore y Kamran Khan, "Afghanistan Campaign a Daunting Task" [La campaña de Afganistán, una tarea atemorizante] *Los Angeles Times-Washington Post Service,* 18 de septiembre de 2001, y en línea en www.afghan-web.com/history.

El Talibán y Bin Laden tienen una relación de vínculos muy intrincados. Bin Laden ha aportado la mayor parte del entrenamiento y ha proporcionado apoyo financiero para el régimen Talibán. A su vez, el Talibán ha protegido y apoyado a Bin Laden durante el tiempo que ha vivido en la región montañosa de Afganistán.

Perspectivas astrológicas

Para comprender los sucesos recientes desde una perspectiva astrológica, es importante analizar varios factores clave, el más importante de los cuales es la fuerte conexión entre Urano y Neptuno de 1989 a 1997.[6] (Esta conjunción no se había visto desde la década de 1820).

Este periodo marcó la dramática transformación de los objetivos de Bin Laden que en un principio fueron liberar a Afganistán de la dominación soviética y más tarde se convirtieron en la guerra contra Estados Unidos.

La conjunción de Urano y Neptuno también activó el colapso de la Unión Soviética al igual que la Guerra del Golfo. Desde el punto de vista astrológico, Urano se relaciona con los cambios repentinos y Neptuno con la espiritualidad, la conciencia de las masas y el petróleo.

6. Una conjunción de 8 grados entre Urano y Neptuno empezó el 9 de enero de 1989, en Capricornio. La conjunción final de separación ocurrió el 21 de diciembre de 1997.

Al mismo tiempo que ocurrió el colapso de la Unión Soviética y su retiro de Afganistán, Estados Unidos inició una guerra contra Irak a causa de asuntos petroleros. Este es un aspecto muy crucial de la situación que enfrentamos en la actualidad. Aunque existía un deseo de salvar a Kuwait de la dominación iraquí, también existía una necesidad más apremiante para Estados Unidos: proteger sus intereses petroleros en la región.

En vista de que los países árabes poseen mucho del petróleo del mundo, se consideró esencial, en el campo de la política internacional, asegurar a los países que proporcionan petróleo a Estados Unidos.

Esta conjunción de Urano y Neptuno sigue siendo parte de la ecuación hoy en día. Gran parte de la lucha en que Estados Unidos se ha involucrado en el Medio Oriente, tiene que ver con asegurar un suministro continuo de petróleo a occidente. Estados Unidos apoya regímenes que no son democráticos en Arabia Saudita, Egipto y Kuwait, pero que a pesar de eso actúan como aliados amistosos hacia esa nación.

Las revoluciones de los países del bloque soviético y el final de la Guerra Fría que ocurrieron de 1989 a 1991, crearon un cambio en la conciencia de los musulmanes fanáticos que fomentó un odio más profundo hacia Estados Unidos. En lugar de optar por un camino de combatir al mundo árabe, optaron por uno de mayor aislamiento en los últimos diez años. Su continuo apoyo a Israel también ha enfurecido a los árabes. No es sólo la ira de los fundamentalistas, sino de gran parte del mundo musulmán que percibe a los Estados Unidos como un país arrogante que sólo se preocupa por los objetivos de sus propias políticas.

Con las condiciones astrológicas,[7] mucha de esta profunda ira está empezando a manifestarse contra los intereses de Estados Unidos. Sin embargo, los norteamericanos tienen una opción en cuanto a la forma en que responderán a la ira. ¿Optarán por un incremento de violencia y retribución, o en lugar de eso cambiarán la estructura de su política internacional, dirigiéndola a la comprensión de la causa básica del sufrimiento y la enemistad en el Medio Oriente?

A través del diálogo con los países dominados por los musulmanes, y al explorar los temas religiosos al igual que la forma en que las diferencias culturales separan nuestros mundos, existe la posibilidad de una transformación en el nivel de conciencia en el pueblo norteamericano y en su gobierno.[8]

---

7. Saturno en Géminis en oposición con Plutón en Sagitario.

8. De nuevo, este análisis se basa en el hecho de que Saturno esté en Géminis en la Séptima Casa de la carta astrológica de Estados Unidos, lo que tiene que ver con la estructura de su política exterior y la forma en que dialogue, en oposición con Plutón en Sagitario en la Primera Casa, lo que tiene que ver con la transformación del nivel consciente norteamericano y la forma de dirigir la voluntad.

La astrología es un estudio de los movimientos de los planetas y su interpretación como un lenguaje simbólico. La manifestación de estos símbolos y la forma en que se expresan tiene algo que ver con lo que elegimos. Si elegimos ver esta época como el momento de tomar venganza por un golpe terrible y devastador contra Estados Unidos, tal vez logremos un nivel más profundo de dolor y confusión que podría regresar a nosotros como algo más dañino. Si por otra parte, vemos esta época como el momento para buscar las causas fundamentales de este sufrimiento y este odio, podremos asegurar un mejor nivel de seguridad para los ciudadanos de Estados Unidos que vaya más allá de una guerra que no se ha mitigado.

Este es un momento de transformación, un momento para buscar en lo profundo de nuestra psique colectiva y encontrar un lugar para la comprensión y la justicia, para la paciencia y la compasión, al igual que para la ira. El lenguaje simbólico de los planetas nos puede indicar muchas direcciones. La forma en que elijamos proceder es nuestra responsabilidad.

¿Dieron o no en el blanco?

KRIS BRANDT RISKE

Súbditos ingleses rebeldes fundaron a los Estados Unidos de Norteamérica en 1776 y ha llegado a ser una nación prominente por haber establecido y haberse adherido a un conjunto de valores que incluyen la democracia, el poder ser propietario de un hogar, la familia, la libertad, la aceptación religiosa y política y una independencia que es desconocida para quienes no se pueden llamar norteamericanos. Los norteamericanos han luchado y han muerto en tierras extranjeras para proteger sus libertades y las libertades de otros.

Símbolos de la democracia

Los terroristas, que se cree son discípulos de la organización de Osama Bin Laden, al Qaeda, perpetraron un ataque contra Estados Unidos el 11 de septiembre, asestando un golpe contra sus símbolos de libertad capitalista, poder militar y democracia en el gobierno. No hay duda de que las torres del World Trade Center eran sus objetivos, pero muchas personas dudan de que el Pentágono haya sido un objetivo principal. ¿Estaban tratando de atacar el Capitolio? ¿Estaban tratando de estrellarse contra la Casa Blanca? ¿Planeaban acabar con el gobierno de los Estados Unidos de América? La astrología nos ofrece algunas respuestas a estas preguntas, y para encontrarlas, los astrólogos estudian la carta de nacimiento de los edificios en cuestión.

¿Cuáles eran los verdaderos objetivos?

En los días posteriores a los ataques, se habló mucho en el gobierno y en los medios noticiosos sobre el verdadero objetivo del vuelo 77 de American Airlines que fue secuestrado y que salió del Aeropuerto Internacional Dulles. Aunque no se conoce la ruta exacta del vuelo, porque el radiofaro de respuestas de los aviones había sido apagado, parece que el vuelo 77 cambió de rumbo cuando volaba sobre el sur de Ohio y tomó de nuevo su ruta hacia Virginia.

El *Washington Post* informó que poco después de perder contacto con el avión, los controladores de Dulles localizaron una aeronave no identificada volando velozmente hacia el espacio aéreo restringido que rodea la Casa Blanca. Las fuentes de la aviación federal dicen que los controladores de

Dulles captaron a la veloz aeronave al este-sureste del Aerpuerto Nacional Reagan en Washington y llamaron a los controladores de ese aeropuerto para informarles que un avión no autorizado iba en dirección a ellos.

Los controladores tuvieron tiempo para advertir a la Casa Blanca que un jet iba directamente hacia la mansión presidencial y que volaba a una velocidad impresionante.

Pero justo cuando el avión parecía estar en una misión suicida hacia la Casa Blanca, el piloto no identificado hizo un viraje tan pronunciado que hizo que los observadores recordaran a un jet de combate. El avión viró 270 grados a la derecha para acercarse al Pentágono desde el suroeste, y después el vuelo 77 descendió a un nivel detectable por radar desapareciendo de los monitores de los observadores.[1]

¿Era la Casa Blanca el objetivo?

La Casa Blanca fue el objetivo de otro piloto suicida en 1994, cuando Frank Eugene Corder se robó un avión de un solo motor poco después de la media noche del 11 de septiembre en un aeropuerto al norte de Baltimore. Al día siguiente, Corder voló el avión robado a muy poca altura sobre el Prado Sur de la Casa Blanca, destrozó un seto, se deslizó sobre el césped que rodea el Pórtico del Sur y se estrelló

1. *Washington Post*, 12 de septiembre de 2001.

contra un muro dos pisos debajo de la alcoba presidencial,[2] murió en el impacto. El Presidente Clinton y su esposa habían dormido en Blair House, al otro lado de la calle, porque había trabajadores reparando las tuberías de la Casa Blanca.[3] Nos dice la historia que la primera piedra de la Casa Blanca se colocó el 13 de octubre de 1792. En cierto aspecto, la Casa blanca es colosal e imponente, pero también es un edificio de gracia y refinamiento. Se utiliza como el lugar oficial de reunión para eventos sociales con jefes de estado, funcionarios recién elegidos y otros invitados a las comidas que ofrece el presidente. El residente principal de la Casa Blanca lleva sobre sus hombros la carga de ser responsable de una nación, y la Casa Blanca es su lugar de trabajo.[4] La Casa Blanca es un edificio donde las decisiones se sopesan y se toman, donde se libran batallas políticas secretas y donde dominan el intelecto y la diplomacia. El cambio de poder, al igual que el cambio de guardia, es la norma en la Casa Blanca cada cuatro u ocho años cuando los presidentes y sus familias entran y salen.[5]

2. Michael Duffy, "The White House" [La Casa Blanca], *Time*, 26 de septiembre de 1994.

3. Los planetas en tránsito en los aspectos del horóscopo de la Casa Blanca indicaban...

4. El Sol Libra que se opone a Saturno en Aries, combinados con la Luna en Virgo, revelan las dos funciones de la Casa Blanca, al igual que su funcionalidad, su tamaño y su belleza.

5. Un conjunción de Venus y Júpiter en Escorpión indica negociaciones secretas, y el Sol y Mercurio en Libra favorecen la toma de decisiones y la diplomacia. Marte en Sagitario significa relaciones exteriores, y una oposición de Urano y Plutón con una sextil/trina al Sol simboliza los continuos cambios de administración, y por consiguiente, de residentes.

La programación de un golpe contra la Casa Blanca no favoreció a los terroristas. Pero los indicadores astrológicos la señalan como un posible objetivo, bien sea del vuelo 77 o del vuelo 93 de United, que se estrelló en Pennsylvania; o de otro vuelo desconocido. Otros indicadores astrológicos sugieren que el avión hizo un cambio de último momento en ruta. El resultado pudo haber sido diferente si los ataques hubieran ocurrido otro día.[6]

¿Era el edificio del Capitolio un blanco?

De nuevo estudiamos la carta de la fecha en que se inició la construcción del edificio para encontrar respuestas. La construcción del edificio del Capitolio empezó en 1793, pero no quedó completamente terminado sino hasta 1813, porque se necesitaron alas adicionales para poder instalar en él a un Congreso en crecimiento.

6. La carta del nacimiento de la Casa Blanca (13 de octubre de 1792) tiene una oposición casi exacta de Urano y Plutón, que se activó el 11 de septiembre de 2001, porque Venus transitaba y Urano tenía una conjunción con Plutón. Saturno en tránsito estaba a nueve minutos de Venus en progreso, y Plutón estaba a una distancia un poco mayor de un grado para una conjunción con Marte natal. El factor más elocuente respecto a un desastre potencial es Marte en progreso formando un cuadrado T con la oposición natal de Urano y Plutón (a quince minutos del cuadro exacto hacia Plutón natal). La Luna en tránsito trina natal Neptuno y sextil natal Saturno indican el cambio de ruta del piloto, el hecho de que no diera en el blanco pero que la misión fuera exitosa. Cuando el vuelo 77 se estrelló en el Pentágono, la ascendente en tránsito estaba dos grados después de una conjunción exacta con el Sol de la Casa Blanca y un trina/sextil a la oposición de Urano y Plutón. Si hubiera sido más tarde en ese mismo día, como la Luna estaba en los primeros grados de Cáncer, habría activado a un Marte en tránsito, que se estaba acercando a la cuadratura de Urano en progreso.

William Thornton, un médico entrenado en Escocia que vivía en las Indias Occidentales, diseñó el edificio. Solicitó permiso para entrar tarde al concurso por el diseño del edificio, al que ya se habían presentado diecisiete planes que no habían sido satisfactorios.

El Presidente George Washington colocó la primera piedra el 18 de septiembre de 1793, marcando así el nacimiento del edificio.[7]

El edificio del Capitolio es un lugar de trabajo, un lugar donde se escucha la voz del pueblo. Se recuerda a quienes trabajan en él cuales son sus responsabilidades y la necesidad de poner el servicio por encima del ego.[8]

El edificio da su mejor servicio a los pensadores prácticos, a quienes se concentran en la estructura de las cosas sin permitir que la emoción entre en la ecuación.[9]

---

7. La carta del nacimiento se usa para identificar los talentos, capacidades, fuerzas y debilidades de un individuo. Se desarrolla de acuerdo a la fecha y el lugar en que nace la persona. La rama de la astrología que abarca sucesos actuales, el clima, la economía y los edificios, también usa cartas de nacimiento. En el caso de un edificio, el inicio de su construcción o la colocación de la primera piedra, representa el nacimiento del edificio. Revela mucho sobre el edificio en sí, el propósito para el que se usará, las personas que lo usarán; en esencia, todo lo que abarca la vida diaria.

8. En la carta del 18 de septiembre de 1793, el Sol está en el signo de Virgo (trabajo y hábitos diarios), Venus está en conjunción con Marte en Leo (prominencia), y Saturno está en Tauro (sentido práctico y responsabilidad).

9. La Luna Piscis se opone a Mercurio en Virgo. Tanto Virgo como Piscis gobiernan el servicio, en este caso, el servicio al país.

Sin embargo, el Capitolio sugiere que la presencia del poder se mueve dentro de sus muros: los senadores y los representantes participan en la carrera por posiciones, intercambian favores, negocian tratos tras bambalinas, y emiten y rechazan leyes. En el Capitolio, la actividad está en un constante estado de flujo.[10]

El edificio en sí es un monumento a la ética norteamericana del trabajo, lo que representa libertad y justicia para todos. Las renovaciones son casi una forma de vida en el Capitolio; el edificio ha sido restaurado y hace algunos años se agrandó para responder a la necesidad de más espacio. En la actualidad, el Capitolio tiene un área de aproximadamente 16.5 acres, incluyendo un museo de arte y de historia norteamericanos.

¿Era el edificio del Capitolio, la sede del poder legislativo de Estados Unidos, y el máximo símbolo de la libertad de la democracia, el verdadero objetivo del vuelo 77? Existía el potencial, desde una perspectiva astrológica, pero los factores que representan la esencia profundamente arraigada, el propósito y los cimientos del edificio no fueron afectados ese día. A menudo se dice que el tiempo en que se programa algo lo es todo, y eso ocurrió en el Capitolio el 11 de septiembre de 2001.

10. Un cuadrado T entre Júpiter, Urano y Plutón indica el poder para cambiar leyes. El cuadrado T también simboliza la libertad y el poder con las leyes y la justicia como intermediarios para equilibrarlos

Si el Capitolio hubiera sido construido algunos días, meses o años antes o después, el resultado pudo haber sido diferente. Lo mismo habría aplicado si el marco del tiempo del ataque hubiera sido más tarde ese día.

El Pentágono

Algunas personas han especulado que si el Pentágono hubiera sido el verdadero objetivo, el piloto habría estrellado el avión en el lado norte del edificio, donde están las oficinas del personal militar y civil de más alto nivel. Los testigos oculares declararon que una de las alas del avión chocó contra el suelo, después de lo cual el avión se movió en espiral hacia el Pentágono.

La enorme estructura de cinco lados se construyó justo antes de que Estados Unidos entrara a la Segunda Guerra Mundial. La ceremonia para la colocación de la primera piedra fue otro 11 de septiembre, pero en 1941. El edificio, fruto de una idea que el General Brigadier Brehon B. Sommervel presentó a mediados de julio de 1941, se construyó como una solución temporal a un Departamento de Guerra en expansión que estaba ocupando diecisiete edificios en Washington, D.C. Los primeros ocupantes se mudaron al Pentágono el 29 de abril de 1942, y la construcción se terminó el 15 de enero de 1943, a un costo aproximado de 83 millones de dólares.

El innovador diseño del Pentágono facilita la comunicación y el trasladarse de una sección del edificio a otra. Antes del ataque, que causó daños que se calculan en un billón de dólares, el Pentágono tenía 17.5 millas en corredores. Lo interesante es que sólo se requieren siete minutos para caminar de un punto a otro en el edificio, gracias a su diseño único.

Ante todo, el Pentágono es un edificio dedicado al trabajo y al servicio, en ocasiones a librar guerras, pero siempre a mantener la paz. Aquí se realizan actividades serias, al igual que planeación estratégica. Y con todo, se habla más de fomentar la paz que de hacer guerra.[11] Son evidentes los altos principios, en especial respecto a la libertad y a la justicia, y se dedica todo el esfuerzo posible a alcanzar esos ideales e incluso a superarlos.[12]

Las configuraciones planetarias indican que el Pentágono pudo ser un objetivo alterno que fue resultado de un cambio de planes de último momento. Si el piloto y los indicadores astrológicos en sí se hubieran alineado con mayor precisión, la mayor parte del edificio habría quedado destruido y se hubieran perdido muchas más vidas.

---

11. Marte en Aries en posición con Venus en Libra caracterizan el horóscopo del Pentágono, que también muestra a un Sol Virgo y a una Luna en conjunción con Saturno, la trina de Saturno, con Neptuno. Mercurio en Libra se centra en el pensamiento y en fomentar la paz.

12. Urano en Géminis trina Mercurio señalan innovaciones, tanto en el diseño del edificio como en estrategias de defensa. La trina de Venus y Júpiter y el cuadrado del Sol y Júpiter reflejan principios de altura.

Por supuesto el ataque fue inesperado para la nación y para quienes trabajaban en el Pentágono. Tal vez también lo fue para el piloto que secuestró el avión.[13]

13. Los aspectos que involucran a Mercurio y a Urano sugieren un cambio de último momento al igual que lo inesperado del ataque. El Sol en tránsito estaba en conjunción con el Sol natal en un sextil hacia el Sol en progreso, que se activó por Venus en tránsito. La Luna en tránsito estaba en trígono con Mercurio en progreso y en cuadrado con Neptuno en progreso. Sin embargo, el horóscopo del Pentágono no refleja el mismo contacto significativo a partir de la oposición de Saturno en tránsito y Plutón, que se ve en el horóscopo de la Casa Blanca.

La vida ha cambiado en forma dramática

David Crook

La vida ha cambiado en forma dramática a partir del 11 de septiembre de 2001. La angustia colectiva y un temor que presiente lo que traerá el futuro, ciertamente han trastornado el status quo. Las actividades usuales de negocios ya no son una opción. Pero cada crisis que enfrenta la gente, o cada crisis que se le enfrenta, es una oportunidad para sanar y transformarse. Es difícil comprender esto, a menos que sea uno capaz de separarse en cierta forma y de cambiar su visión del mundo, con el fin de llegar al sentido del panorama más amplio.

Desde una perspectiva astrológica, estábamos conscientes de que el hecho de que en este momento los planetas Saturno y Plutón formen un par indica épocas de tensión y desafíos. Pero como a final de cuentas, la naturaleza es neutral, depende de nosotros actuar de tal manera que se reflejen las posibilidades más elevadas de los tiempos, basadas en una comprensión real de las dinámicas subyacentes. Es erróneo pensar que nuestro destino es ser simples víctimas de la influencia de los planetas. Este es un malentendido del paradigma astrológico, pues nosotros podemos, en gran medida, dar forma al futuro.

La astrología de las tendencias mundiales y de los sucesos de la vida diaria se llama astrología mundana. En realidad es el estudio de la naturaleza cíclica del cambio. "Lo único constante es el cambio. Pero si uno entiende las leyes y los principios que gobiernan el cambio, entonces tendrá un mayor control de su propio destino".[1] Hemos dicho que la astrología refleja el significado que hay detrás del cambio; puede también indicar cuando es probable que ocurran tales cambios. Este tipo de información es muy valiosa si deseamos captar el sentido de nuestra colectividad y efectuar cambios sociales.

Un indicador astrológico importante se relaciona con Saturno y Plutón. El ciclo de treinta y siete años que refleja muchos de los sucesos que están ocurriendo en la actualidad, empezó el 8 de noviembre de 1982.[2] El tremendo potencial de esta combinación de planetas en particular, se está volviendo más claro ahora que estamos llegando al punto medio de este ciclo.[3] Las energías y los sucesos

1. Richard Wilhelm, traducción del *I Ching* (Princeton University Press, 1967).

2. Saturno y Plutón estaban en el mismo grado en ese momento.

3. Ver Robert Hand, "¿A dónde vamos a partir de ahora?" en este libro, para una explicación más completa sobre los efectos de los ciclos planetarios.

están llegando un punto crítico mientras nos acercamos al punto medio de este ciclo. Como dijo Martín Luther King hijo en una ocasión: "No hay nada más poderoso que una idea cuyo momento ha llegado".

En 1982, surgieron las ideas y energías que fueron la semilla, y se concentraron agudamente en Afganistán.[4] Ahora que hemos llegado al pico de este ciclo, podemos ver que el potencial se desenvuelve en forma dinámica.[5] Las naturalezas de Saturno y Plutón de ninguna manera son intrínsicamente negativas. No obstante, dado nuestro actual nivel de conciencia en el mundo, parece que debemos pasar a través de un periodo de crisis, con el fin de aprender algunas lecciones que nos son necesarias. Este proceso de levantamiento, de reestructuración y de transformación, será un desafío para un gran número de estructuras sociales y económicas que ya no son viables.

Desde el punto de vista astrológico, Saturno representa el status quo y nuestro impulso natural hacia el control y la autoridad. El mundo material en que vivimos, con todas sus fronteras y limitaciones, se relaciona con Saturno. Necesitamos leyes y cierta cantidad de estructuras para vivir juntos en

4. Cuando ocurrió la conjunción de Saturno y Plutón, el 8 de noviembre de 1982, estos planetas estaban en el horizonte oriental en Kabul y Kandahar, Afganistán.

5. La primera oposición de Saturno y Plutón ocurrió el 5 de agosto de 2001. La segunda el 2 de noviembre de 2001, y la tercera el 26 de mayo de 2002.

armonía. A veces, las reglas de la sociedad se nos imponen y nos sometemos a ellas o nos rebelamos. Saturno también representa nuestra resistencia al cambio. La rigidez y las actitudes dogmáticas que perpetúan una postura de "todo sigue igual" son características de Saturno. De nuevo, el impulso que Saturno representa no es bueno o malo, pero su expresión lo determina.

El planeta Plutón, por otra parte, simboliza nuestra necesidad de ejercer poder e influencia. Los procesos inevitables de muerte, renacimiento, curación y transformación, son algunos de los dramáticos temas que se relacionan con Plutón. Algo debe morir para que algo más nazca. Pero tendemos a resistir el cambio en sus muchas formas, y por tanto experimentamos dolor y sufrimiento. Plutón indica nuestra necesidad periódica de purga y de limpieza al nivel de nuestras emociones profundas. La imagen de la serpiente que descarta su antigua piel, o la de un ave fénix que surge de sus cenizas, son metáforas útiles para el proceso que representa Plutón. A menudo, la curación se presenta al principio como una crisis.

En la actualidad, Saturno se está moviendo a través del signo de Géminis, mientras que Plutón transita en Sagitario. Géminis se relaciona con reunir y propagar información, mientras que Sagitario se relaciona con ideas e ideologías. Algunas de las correlaciones obvias de Saturno y Plutón en estos signos, con los sucesos mundiales, fue la reciente clausura de miles de Cafés Internet en China por el gobierno comunista. El flujo de información y el acceso a ella ha silo limitado por un régimen controlador y represivo.

En una acción similar, varias semanas antes del 11 de septiembre, el gobierno Talibán sacó a toda la nación de Afganistán de Internet. Estas son expresiones patentes del potencial planetario que se manifiestan en forma perversa, a través de las acciones de quienes quisieran dominar y restringir la libertad de pensamiento.

Los profundos conflictos raciales, ideológicos y religiosos que parecen estar surgiendo en todo el mundo reflejan esta misma combinación astrológica. Los seguidores de sistemas rígidos de creencias son responsables de gran parte de la violencia que hay en el mundo de hoy. La falta de tolerancia y aceptación religiosa es obvia en este momento. Los conflictos que existen hoy en Israel, Argelia, Irlanda, Indonesia, Nigeria y ahora Afganistán, sólo son unos cuantos ejemplos que llegan a mi mente de inmediato.

Pero desde una perspectiva astrológica, ciertamente se nos está abriendo en este momento una verdadera oportunidad para sanar y transformar al mundo. El simbolismo planetario de Plutón y Saturno nos recuerda que en ocasiones necesitamos desplomarnos para poder abrir una nueva brecha.

Sagitario, por naturaleza, se asocia con los viajes y la industria del transporte. Con Plutón en este signo, podría pronosticarse cierta cantidad de renovaciones y reestructuración en la industria de las líneas aéreas y en otros aspectos de la industria del transporte. Pero es probable que no haya sido posible predecir los sucesos que pondrían en marcha ese proceso, ni la magnitud de su alcance.

Al escribir esto, en septiembre de 2001, el gobierno de Estados Unidos ha proporcionado un apoyo de quince billones de dólares para mantener a flote a las líneas aéreas de mayor importancia, y ahora debe darse atención al importante tema de un incremento en la necesidad de medidas de seguridad en los aeropuertos, y debe hacerse en forma completa y uniforme.

La investigación realizada el año pasado a los camiones Ford y a los neumáticos Firestone, fue la primera señal de una sacudida potencial en los negocios de viajes y transporte.

Estos ejemplos representan unos cuantos sucesos que reflejan este proceso de colapso y contracción que se relaciona con la combinación actual de Saturno y Plutón. Tal vez nuestra pérdida colectiva de inocencia, resultado de los recientes ataques contra Estados Unidos, inspiró un mayor respeto por la fragilidad de la vida, pero también hizo que surgiera un nuevo nivel de temor y desconfianza. La amenaza de pérdida es un significado clave de

Saturno con Plutón, pero también lo es la determinación y la persistencia para sobreponerse a cualquier dificultad. Las circunstancias de la vida nos retan a ser suertes y firmes en nuestras resoluciones, a pesar de los temores que nos consumen al pensar que tal vez no podremos enfrentar esos retos. La paranoia ha remplazado a la fe y a la confianza en el corazón de muchos. Esta es una manifestación distorsionada de las tendencias planetarias actuales. La naturaleza es neutral. Sólo podemos reflejar en la vida las tendencia planetarias en nuestro propio nivel de conciencia.

Empezando con la carta de nacimiento de Goerge W. Bush, exploraremos algunas de las dinámicas relevantes que están activas en el conflicto actual con el gobierno Talibán de Afganistán, y trataremos de captar cómo se desarrollará esta situación. Creo que podremos lograr al menos una imagen general del paisaje de asuntos mundiales en perspectiva, examinando algunas cartas astrológicas importantes, que proporcionen un contexto significativo para los sucesos que se desenvolverán.

Una de las características clave del horóscopo de George W. Bush, es decir de su carta de nacimiento, es el planeta Plutón surgiendo en la Ascendente. Esto sugiere que será un individuo orientado al poder que podría representar cierto impulso colectivo hacia el control y la dominación.[6] El planeta Urano

6. Urano es el planeta más alto en el firmamento (los astrólogos dan a esto el nombre de "elevado").

tiene una posición muy fuerte en esta carta, lo que indica que el Sr. Bush puede ser algo errático en ocasiones, o que su comportamiento puede ser obstinado y poco ortodoxo.

Cuando los astrólogos estudiaron por primera vez la carta de inauguración del Presidente Bush, notaron configuraciones enfáticas que fácilmente podrían interpretarse como signos de conflictos en potencia o de verdaderas condiciones de guerra. La tensión potencial que se refleja en la carta está tomando forma ahora, y continuará haciéndolo durante varios años más.

Pero se ha notado de manera específica en relación con las cartas de nacimiento de los presidentes norteamericanos, que tal vez una carta difícil es exactamente lo que se necesita para enfrentarse a situaciones difíciles. Esta manera de pensar puede aplicarse tanto a esta carta de inauguración como al mapa natal del Sr. Bush.

Los astrólogos mundanos usan cartas que se trazan para cada solsticio y equinoccio, utilizando la ubicación de la capital de una nación. Estas cartas nos ayudan a entender cómo y cuándo se podrían desenvolver influencias potenciales. Se les llama cartas de ingreso solares o cardinales. La palabra ingreso significa "entrada", y el Sol entra a un nuevo signo al inicio de cada estación: Aries en la primavera, Cáncer en el verano, Libra en el otoño y Capricornio en el invierno.

El Equinoccio de Otoño de 2001, es decir la carta de ingreso de Libra, para Washington D.C., muestra a Marte en una ubicación muy poderosa.[7] Esto sugiere que el gobierno podría tender a ser agresivo al afirmar su voluntad, pues Marte es firme, incluso combativo. La crucial oposición de Saturno y Plutón en las casas de las relaciones internacionales, indica una concentración en asuntos externos, y el potencial de conflictos con otras naciones.

En un lugar en particular, el ingreso de Libra parece especialmente potente; ese lugar es Israel, donde encontramos a Saturno, a Plutón y a la Luna en ubicaciones prominentes. Esto representa el potencial para sucesos extremos y levantamientos violentos para finales del 2001. (El 5 de octubre de 2001, después de que se había escrito este artículo, una aeronave rusa con setenta y seis pasajeros, entre ellos un buen número de turistas hebreos que viajaban de Tel Aviv al centro de Siberia, explotó y cayó en el Mar Negro. Ahora se cree que un misil sin rumbo lanzado por los militares de Ucrania fue responsable de este trágico accidente, pero eso aún no se ha confirmado.)[8]

El 1 de diciembre señala un momento en que las negociaciones podrían proceder con seriedad. Se espera que a mediados de diciembre haya

7. Marte está cerca de Midheaven en la Décima Casa, una posición elevada, como se mencionó antes en este artículo.

8. "Rusia culpa a Ucrania por el avionazo", Prensa Asociada, 16 de octubre de 2001, http://dailynews.yahoo.com

comunicaciones en diversas direcciones. Es posible que surjan nuevos participantes clave que establecerán públicamente cuales son las metas de las negociaciones.

Si para fines de diciembre no se ha logrado un progreso significativo hacia la paz, podía haber más demostraciones de fuerza y un incremento en la lucha.

A fines de enero de 2002, la carta del Estado de Israel muestra señales de mayor tensión, lo que podría señalar un periodo volátil para este país.[9] Y ciertos aspectos tensos en la carta natal de Ariel Sharon,[10] apoyan la posibilidad de dificultades. Aunque lo más probable es que la atención de la mayoría esté en Afganistán, Israel sigue siendo uno de los puntos candentes de violencia en el planeta. Tal vez valga la pena mencionar que Estados Unidos e Israel tienen fuertes vínculos astrológicos, y el apoyo que Estados Unidos ha mostrado hacia Israel, es una de las mayores razones del odio que el mundo árabe siente hacia este país.

La segunda oposición de Saturno y Plutón ocurre el 2 de noviembre de 2001, y podría intensificar

9. Marte en progreso hace cuadrado con Urano, y Urano en tránsito sigue formando cuadrado con el Sol. Ambos aspectos indican prisa y tensión.

10. Ariel Sharon, nace el 27 de febrero de 1928 a las 7:4 9 a.m. en Kafr Malal, 34E54, 32N11. La fuente de esta información es Astrodatabank. Algunos de los contactos más cercanos incluyen al Nodo del arco solar en conjunción con Neptuno, Arco solar Urano en conjunción con el Nodo y el arco solar de Marte en conjunción con la Ascendente, con Marte transitando en conjunción con la Ascendente el 4 de febrero de 2002.

la tensión a nivel global. Recordemos que Afganistán está fuertemente ligado a este ciclo de Saturno y Plutón, pues estos planetas estaban cerca del horizonte oriental tanto en Kandahar como en Kabul, en la conjunción del 8 de noviembre de 1982. Por tanto, las energías y las ideas potenciales sembradas en ese momento crucial están ligadas muy directamente con Afganistán. Los sucesos que ocurran ahí tenderán a reflejar este ciclo que se está desenvolviendo, como lo están haciendo ahora, en la fase de oposición climática de Saturno y Plutón.

En la conjunción de Plutón y Quirón del 30 de diciembre de 1999, ambos estaban en conjunción con la Ascendente en Washington D.C., y cerca de la Descendente (horizonte occidental) en Kabul, Afganistán. De modo que a partir de esto vemos que estos dos lugares tienen un vínculo dinámico con el significado potencial de este ciclo planetario, y continuarán respondiendo según se desenvuelva en el tiempo. De hecho, la carta nacional de Afganistán tiene un contacto desafiante entre Plutón y Quirón, mientras que el mapa inaugural del Presidente Bush muestra a la Luna ligada con ambos.

Cuando vemos al mundo actual, y a los desequilibrios antinaturales que de alguna manera hemos causado, parece claro que debe haber un cambio de paradigmas, si deseamos no sólo salvarnos a nosotros mismos, sino aspirar a una existencia más consciente en armonía con el cosmos. La astrología nos ofrece la perspectiva para comprender los significados de los tiempos, y nuestro lugar y propósito únicos, dentro de un contexto mucho más amplio.

Cómo hacer pronósticos mediante los eclipses

DAVID COOK

Los eclipses del Sol y de la Luna son fenómenos que ocurren regularmente y que se usan en los pronósticos astrológicos. Los lugares que toca la ruta de un eclipse en sí, a menudo son los que están más directamente involucrados con la energía que refleja,[1] pero cuando la carta del eclipse en sí se traza para una ciudad capital, o se ve en relación con la carta nacional, proporcionará indicaciones de su relevancia con ese lugar. Un eclipse proyecta una sombra, al menos varias semanas antes de que ocurra en realidad, y eso dificulta ubicar los sucesos con exactitud en el tiempo, pero en general el periodo en que un eclipse es eficaz va de tres a seis meses.

El eclipse solar del 14 de diciembre de 2001, indica temas relacionados con el poder, con prejuicios raciales, odio y violencia religiosa, y en la

1. Si se desea información sobre las rutas de los eclipses, visitar: www.usno.mavy.mil.

actualidad se están poniendo a la vista. Plutón representa el principio sanador que obliga a la colectividad a experimentar fases violentas de autosanación para mejorar.[2] La trayectoria de este eclipse fue ante todo en el Océano Pacífico, pero sí pasó por el centro de Costa Rica y el extremo sur de Nicaragua. Las cosas han estado relativamente tranquilas en América Central a pesar de la crisis, pero pudimos ver una señal en el radar político en diciembre de 2001 o enero de 2002. Un punto interesante respecto a Costa Rica es que el Presidente Rodríguez ha sugerido hacer un cambio para lograr cosechas más grandes de azúcar para el mercado canadiense, pues el mercado de café se ha debilitado recientemente. Canadá ha incrementado la cuota de azúcar de Costa Rica, y podría incrementarla de nuevo en los siguientes tres años.[3]

Aunque la trayectoria real del eclipse no pasa por Kabul, la carta indica una preocupación respecto a las relaciones internacionales y probables dificultades en este campo. En la carta, Júpiter indica la posibilidad de que en este periodo los líderes de Afganistán hagan tratos con sus vecinos y en el campo de asuntos externos, desde un punto de vista excesivamente moralista. Los recursos financieros y materiales también serán fuente de preocupación.

2. Este eclipse afecta su Segunda y Octava Casas, y está en contacto con su Luna.

3. "Costa Rica Urges Shift to Sugar" [Costa Rica impulsa el cambio al azúcar] está disponible en http://dailynews.yahoo.com., buscando Costa Rica.

El eclipse solar del 10 de junio de 2002 indica un periodo que posiblemente afecte la actitud de que las cosas seguirán igual, y tal vez tienda a desestabilizar aún más las situaciones inestables. Para Washington D.C., podemos esperar una gran dosis de energía de Saturno y Plutón —restricciones, respuesta a los problemas; transformación de la visión de aislamiento opuesta a la actitud de cooperación mundial; y restricciones en el uso del poder militar.

En relación con la carta de inauguración del Presidente Bush,[4] este eclipse indica más preocupaciones a causa de la economía y otros asuntos que involucran a la ciudadanía. La Luna por lo general significa la gente común de una nación, el escenario doméstico y la seguridad. De modo que el eclipse afectará ante todo al campo de los recursos, y en segundo lugar podría coincidir con un temor renovado a lo que amenace la seguridad en los Estados Unidos.

Para Afganistán, los problemas se concentran en la identidad nacional y la propia imagen. Existe una urgencia de manifestar motivaciones destructivas. Para Arabia Sudita, el eclipse implica un profundo proceso de transformación en el campo de la revolución social. Podemos anticipar sucesos dramáticos en Arabia Saudita hasta octubre de 2004. Tal vez se debilite el partido que está en el

4. Este eclipse afecta su Segunda y Octava Casas, y entra en contacto con su Luna.

poder y sus líderes, y el poder de resistencia del Talibán disminuya durante 2002, y también podría interpretarse como un indicador de fanatismo extremo y emotivo.

El eclipse solar total del 4 de diciembre de 2002, indica sucesos extremos o violentos, y levantamientos que podrían afectar a quienes están en el poder. Se esperan violentas luchas por el poder.

En Washington D.C., la concentración está en todas las relaciones exteriores en diciembre de 2002. Otros temas incluyen las finanzas, hostilidades internacionales y una continua concentración en la pérdida de la vida. Las zonas de preocupación podrían incluir a los países del sur de África, al igual que los de Australia.

El eclipse solar del 30 de mayo de 2003, ocurre a nueve grados de Géminis, y muestra cierta tensión localizada en el Medio Oriente. Podría haber problemas con los líderes de estas naciones, al igual que violencia continua en Afganistán.

¿Usaron astrología los atacantes?

KRIS BRANDT RISKE

La evidencia que se ha reunido hasta la fecha, señala a Osama Bin Laden y a sus discípulos terroristas como responsables parciales, si no es que totales, de los ataques del 11 de septiembre contra Estados Unidos. Aunque los terroristas que trabajaron en la planeación y sobrevivieron, fueron miserablemente incapaces de cubrir sus huellas después de sus acciones asesinas. Quienes planearon y realizaron los ataques lo hicieron conociendo a fondo todos los aspectos, desde las fallas en seguridad en los aeropuertos, hasta la mejor hora para estrellar grandes aeronaves contra rascacielos de 110 pisos.

Hace mucho tiempo se reveló que Nancy Reagan había consultado a un astrólogo para planificar los mejores momentos para las reuniones que su esposo, el presidente de Estados Unidos, tendría con ciertas personas o para llevar a cabo ciertas funciones. Buscar el momento adecuado es un ingrediente esencial de la astrología.

¿Utilizó la astrología la banda terrorista? ¿Verificó horóscopos o consultó astrólogos en alguna etapa de su complot? Después de estudiar un horóscopo para el principio de los ataques terroristas del 11 de septiembre,[1] un astrólogo, basándose en el éxito parcial de la misión, pudo encontrar evidencia de la posibilidad de que los ataques se planearan y se programaran de acuerdo con la astrología. Por otra parte, la astrología "politeísta" está prohibida en la fe musulmana.

La Islam Web dice que desde la perspectiva islámica, la astrología se divide en dos ramas: la politeísta y la legal.[2] Los reglamentos musulmanes dicen que la astrología politeísta, "dice conocer lo que no se ve… cuando tal conocimiento es exclusivo de Alá".

A los musulmanes no se les permite aprender o enseñar astrología politeísta porque el Profeta la consideraba una rama de la magia. Islam Web afirma que la astrología legal es igual a la astronomía, pues puede ayudar a determinar las horas para las oraciones prescritas y otros deberes religiosos.[3]

1. El vuelo 175 fue el primero en salir de una puerta de embarque en un aeropuerto. La partida ocurrió el 11 de septiembre de 2001, a las 7:58 a.m. en Boston, Massachussets.

2. www.sislamweb.net.

3. Ibid.

En un artículo titulado "El concepto del destino en la astrología islámica y su impacto en el pensamiento de la Europa medieval", el autor lamenta que los eruditos occidentales en gran medida hayan ignorado la astrología y añade: "Los eruditos occidentales también han ignorado el papel de la astrología en el mundo islámico, una omisión que es sorprendente en vista de que la astrología europea desciende directamente de fuentes islámicas".[4]

En resumen, el artículo declara: "Para los filósofos y los teólogos, [la astrología] ofrecía algo que el Islam poseía, pero de lo que carecía el cristianismo de los siglos XI y XII: la posibilidad de una ruta razonable y racional para comprender la creación de Dios. Además, ofrecía el seductor prospecto de controlar al mundo natural, que sin control es caótico y amenazador".

Ciertamente existe un prejuicio moderno contra la astrología que tiene bases culturales, étnicas y religiosas, y eso incluye a la doctrina musulmana, como lo expresa el Dr. Abu Ameenah Bilal Philips en un tratado titulado "El fallo musulmán sobre los horóscopos". Escribe que la religión musulmana no sólo prohíbe la práctica de la astrología, "también se prohíbe visitar a un astrólogo o leer el horóscopo propio. En vista de que la astrología se usa ante todo

4. ARAM: *The Journal for Syre Mesopotamian Culture*. [Diario de la cultura Syre de Mesopotamia] Vol 1, N° 2, Verano de 1989, p. 281-89.

para predecir el futuro, quienes lo practican se consideran adivinos".[5]

El Dr. Philips concluye: "Creer en la astrología y en los horóscopos se opone claramente a la letra y al espíritu del Islam. Y cualquier musulmán que permita que las predicciones astrológicas determinen sus acciones, debería buscar el perdón de Alá y renovar su Islam".

Los musulmanes que están en Estados Unidos consideran que Osama Bin Laden no se adhiere a la doctrina musulmana. Muchos de ellos dicen que es la antítesis del Islam, que es un hombre que interpreta y tuerce las reglas del Islam para que estén de acuerdo con sus propios fines maléficos. Sin embargo, hasta la fecha no existe evidencia de que Bin Laden practique la astrología politeísta, que consulte astrólogos o que estudie su horóscopo, pero según Islam Web, los musulmanes modernos podrían pasar por alto el tema, "al no estar conscientes del fallo sobre la astrología".[6] No obstante, si Bin Laden estuviera familiarizado con el fallo musulmán respecto a la astrología, se podría considerar que es alguien que ha adoptado la astrología "legal" (es decir, la astronomía) y que ha usado sus hallazgos para determinar el mejor momento para un ataque contra Estados Unidos, que él vería como un deber religioso.

5. Dr. Abu Ameenah Bilal Philips, "The Fundamentals of Tawheed" [Los fundamentos de Tawheed], www.islamweb.net.

6. Ibid.

Astrología de elección

La rama de la astrología que gobierna el tiempo de los sucesos se llama de elección. En esencia, un astrólogo establece un horóscopo para el inicio de una actividad, como por ejemplo, la fecha de incorporación, la fecha en que se empieza un trabajo, en que se abre una tienda, en que se firma un contrato, o cualquier suceso de la vida que pudiera beneficiarse de un inicio propicio. Siempre que es posible, los horóscopos de elección están cronometrados al minuto o a intervalos muy cortos.

Los astrólogos éticos que están comprometidos con ayudar a la gente a ser mejor, nunca le aconsejarían a alguien el momento de cometer un crimen, como un robo bancario o un ataque terrorista.

Cuando los astrólogos estudian el horóscopo de un suceso del pasado, en ocasiones surge esta pregunta: ¿El horóscopo refleja los sucesos o son los sucesos los que reflejan al horóscopo? En otras palabras, ¿se eligió la fecha, la hora y el lugar para asegurar el éxito de la misión? ¿O el horóscopo simbólicamente representa los sucesos que ocurrieron en ese momento?

A veces los astrólogos estudian el horóscopo de un suceso y llegan a la conclusión de que el horóscopo es "demasiado bueno" para ser una coincidencia; que se debe haber invertido considerable reflexión y estudio para programar el suceso.

¿Fue eso lo que sucedió en el ataque contra Estados Unidos del 11 de septiembre de 2001?

Es imposible saberlo con absoluta certeza, pero el horóscopo que se hizo para el momento en que el vuelo 175 despegó en Boston, abre la posibilidad de que el ataque se haya planeado mediante la astrología.

Aunque hubo otros tres vuelos y cuatro colisiones en el ataque, el vuelo 175 representa el inicio de todos los ataques porque fue el primer avión que despegó en la serie de lo que se convertiría en proyectiles explosivos pilotados por un escuadrón suicida.

Un factor dominante en el horóscopo de la hora de salida del vuelo 175, es el factor suerte (o buena fortuna), algo que cualquier astrólogo incorporaría en un horóscopo de elección.[7] El horóscopo también sugiere que la operación fue clandestina.[8]

El mensaje más dramático del horóscopo del vuelo 175 tiene que ver con una destrucción masiva a manos de un poder extranjero o de ciudadanos extranjeros cuya meta general era destruir el status quo de Norteamérica.

Si un astrólogo eligió la hora de los ataques y diseñó el horario con ese fin en mente, la carta

7. Júpiter en conjunción con el Medio Cielo, el punto más alto y más prominente en el horóscopo.

8. El Sol en la Duodécima Casa de los secretos, y Neptuno, (el planeta de la ilusión) trígono a la Ascendente.

(elección) tenía los componentes necesarios para asegurar el éxito.[9]

Además de la destrucción de enormes edificios que simbolizan la forma de vida norteamericana, el horóscopo también refleja que una de las metas primarias del ataque era un cambio repentino y total en la economía; un ataque contra el capitalismo.[10]

El presidente pudo haber sido un objetivo, al igual que el Congreso (el edificio del Capitolio) y el Gabinete (la Casa Blanca), pero el horóscopo no muestra indicadores fuertes de que el Pentágono fuera un objetivo. Eso habría sido más probable si los secuestros hubieran ocurrido más tarde en el día.[11]

9. La oposición de Saturno y Plutón (una configuración que ocurre aproximadamente cada treinta años) tiene a Mercurio trígono Saturno y sextile Plutón. La configuración representa la cuidadosa planificación que se invirtió en la operación, al igual que el hecho de que se centra en el transporte. La ubicación de Plutón y Saturno en la Tercera y la Novena Casas refleja el transporte y los extranjeros. Mercurio en la Primera Casa representa a los secuestradores. Plutón significa terrorismo.

10. Saturno (ladrillo y argamasa) en oposición con Plutón (destrucción), y Venus (dinero) en oposición con Urano (cambio repentino). Venus también estaba sextile Saturno y trígono Plutón y en la Undécima casa de metas. La oposición de Urano y Venus también representa a los secuestradores (Venus como regente de la Libra Ascendente) y Urano (aeroplanos).

11. Júpiter en la Décima Casa del presidente, Venus en la Undécima Casa del Congreso. El signo de Leo también representa al presidente, y Venus en la Décima Casa de las metas está en Leo. Marte (militares) estaría en oposición con la Luna más tarde ese día, después de que la Luna hubiera entrado a Cáncer. El Sol y Júpiter rigen al Gabinete.

La otra característica dominante del horóscopo es la Luna sin rumbo.[12] El significado de este fenómeno se ha debatido mucho entre los astrólogos; es un fenómeno que ocurre aproximadamente doce veces al mes. Algunos dicen que una Luna sin rumbo (una Luna que no se mueve hacia ninguna conexión) en relación con otro planeta significa que "nada resultará de eso", refiriéndose al suceso en sí. Otros creen que una Luna sin rumbo significa un suceso que ocurre sin interferencia, y que no sabe cuándo detenerse.

Si un astrólogo se involucró en la planificación del ataque contra Estados Unidos, pudo haber pensado que elegir una Luna sin rumbo ayudaría a su éxito. Sin embargo, eso habría sido verdad hasta cierto punto, porque la Administración Federal de Aviación (FAA) canceló todos los vuelos como una medida de precaución con el fin de evitar más secuestros.

12. La Luna está sin rumbo, entre los momentos en que muestra su último aspecto a otro planeta y el momento en que entra a otro signo. El último aspecto de la Luna Géminis fue un trígono a Urano aproximadamente once horas antes de la salilda del vuelo 175. Así, la Luna estuvo sin rumbo el 10 de septiembre y permaneció así hasta las últimas horas del 11 de septiembre, cuando entró a Cáncer.

Religión, tierra y petróleo

JONATHAN KEYES

A partir del ataque contra Estados Unidos, algunas personas han cuestionado los principios de la fe islámica como algo inherentemente peligroso y violento. Debido a las acciones de unos cuantos fundamentalistas y terroristas que son militantes islámicos, se ha clasificado a toda la religión como algo que amenaza nuestra forma de vida. Los conceptos como el jihad han asustado a muchas personas y las han hecho creer que los musulmanes son más agresivos que sus contrapartes de religiones judeo-cristianas. Nada podría ser más lejano a la verdad.

En una conferencia dictada en el Centro Islámico de Washington el 17 de septiembre, el Presidente Bush dijo: "Estos actos de violencia contra personas inocentes violan los principios fundamentales de la fe islámica. El rostro del terror no es el verdadero rostro del Islam. Esa no es la naturaleza del Islam. Islam es paz".[1]

La religión del Islam

Para entender al Islam, la religión de los musulmanes, es importante entender cómo surgió y cómo se practica en la actualidad. En el año 570 de nuestra era, el futuro profeta Mahoma, nació en la Meca. Mahoma creció y llegó a ser un hombre de negocios que vivió y trabajó en esa zona hasta la edad de cuarenta años.

Aproximadamente en el año 616, Mahoma empezó a recibir revelaciones del Arcángel Gabriel que continuaron a lo largo de veintitrés años. Estas revelaciones se convirtieron en la base del libro sagrado del Islam, el Corán.

Mahoma reunió un grupo de seguidores que fueron perseguidos en esa región, y para escapar a los ataques, Mahoma y sus seguidores abandonaron la Meca y se dirigieron a Medina en el año 622. Esto se conoce como el *Hijra*, o éxodo, y señala la consolidación de la primera comunidad musulmana. Cuando regresaron a la Meca, Mahoma y sus seguidores ayudaron a establecer el Islam como religión. Mahoma murió aproximadamente en 632 a la edad de sesenta y tres años.

1. Carlyle Murphy, "Exploring Islam and its Traditions" [Explorando el Islam y sus tradiciones], Los Angeles Times-Washington Post Service. *The Oregonian*, 19 de septiembre de 2001, A16.

El Corán enseña un tipo de fe dedicada al único Dios, Alá. Los principios de la fe son la paz, la misericordia y el perdón. Islam significa "paz" o "la paz brota de la sumisión a la voluntad de Alá". La santa tradición que formó la fe musulmana brotó del mundo judeo-cristiano, y los musulmanes también incluyen en su religión gran parte del Antiguo Testamento. Finalmente, los musulmanes creen que Alá tiene un completo dominio sobre su vida diaria, pero que cada individuo es responsable de sus acciones y de que habrá un día del juicio similar al que describe la iglesia cristiana.

En tiempos modernos, han surgido a través del mundo musulmán sectas militantes y fundamentalistas. Estas sectas representan sólo una fracción muy pequeña del total de 1.2 billones de personas que practican el Islam; no obstante, como en el caso de los fundamentalistas religiosos de los Estados Unidos, su voz política a menudo es mucho más fuerte de lo que esa pequeña minoría podría garantizar. Muchos de estos grupos, incluyendo al Talibán de Afganistán, creen en una interpretación estricta del Corán que limita los derechos y libertades de las mujeres, incluye duros castigos por los crímenes y lo que ha causado mayores controversias, una forma violenta de jihad contra todos sus enemigos.[2]

2. Jonathan Tilove, "Exploring the Arab World", [Explorando el mundo árabe] Newhouse News Service, 21 de septiembre de 2001.

Jihad

Jihad es una palabra poderosa en la psique americana porque implica una violenta venganza contra los enemigos de los seguidores del Islam. Algunos eruditos del Islam creen que el jihad se refiere más a la lucha para superar los propios impulsos oscuros; luchar contra las fuerzas del mal que habitan en nuestro corazón. En un contexto más amplio, la mayoría de los estudiosos creen que, al igual que en la fe cristiana, el Corán permite luchar en defensa propia y proteger nuestra tierra y nuestro hogar.[3] Pero también contiene leyes estrictas que se oponen a dañar a la población civil. Las sectas más fundamentalistas ignoran estos principios pues están dispuestas a lograr sus metas a cualquier precio. De hecho, se ha observado que estos fundamentalistas incluso asesinan a miembros de su propia religión. Más de 700 musulmanes fueron asesinados en los ataques al World Trade Center y al Pentágono.

En este momento, cuando Plutón y Saturno se oponen en el firmamento, los aspectos más oscuros del Islam fundamentalista han llegado a la superficie. Desde el punto de vista astrológico, Plutón se relaciona con un poder intenso y emociones profundas que en ocasiones pueden ser de odio y venganza. Ciertos militantes islámicos han mezclado

3. Disponible en línea en http://iisca.org/knowledge/jihad/meaning_of_jihad.htm, y en www.ict.org.il/articles/jihad.htm.

su fe intensa con su odio contra Estados Unidos y el resultado es una fuerza violenta capaz de intensa destrucción. Pero a final de cuentas, Plutón se relaciona con el proceso de purificación. Mientras Plutón transita a través de Sagitario (el signo relacionado con la fe religiosa), muchos musulmanes fundamentalistas, incluyendo al Talibán, están tratando de practicar lo que consideran la forma más pura y devota del Islam. Este proceso de purificación se manifiesta como un jihad, una guerra santa contra todos los Judíos y contra los Estados Unidos.[4]

Por supuesto, el movimiento de Plutón a través de Sagitario afecta a personas de todas las religiones, y es probable que el fundamentalismo y la intolerancia religiosa surjan a la superficie alrededor del mundo. Ya hemos visto esto en los Estados Unidos, donde los fundamentalistas cristianos han expresado su creencia de que el ataque contra Estados Unidos fue en parte culpa del secularismo (la falta de una fe religiosa pura) entre los feministas, el ACLU, los paganos y quienes apoyan el aborto. Aunque muchas personas, incluyendo a los cristianos conservadores, han criticado ampliamente estas creencias, al parecer la intolerancia religiosa no se limita a unos cuantos musulmanes.

4. Barry Bearak, "Pakistanis, But Not Many, Angrily Take to the Streets to Denounce Bush's Stand" [Los pakistaníes, pero no muchos de ellos, salen a las calles a denunciar la postura de Bush] *The New York Times*, 22 de septiembre de 2001, B3. John F. Burns, "The Taliban: Clerics Answer 'No, No, No!' And Invoke Fates of Past Foes" [El Talibán: Los clérigos responden '¡No, no no!' e invocan el destino de sus enemigos del pasado] *The New York Times*, 22 de septiembre de 2001, B3.

Una mirada al pasado: las Cruzadas

Desde su inicio en el siglo VII, la fe musulmana ha crecido y se ha expandido hasta llegar a todos los rincones del globo. En ciertas épocas de la historia, han surgido conflictos y lucha entre los seguidores del Islam y los grupos Judeo-Cristianos.

Debemos remontarnos a la época de las Cruzadas para comprender el conflicto que existe en la actualidad. Hace más de novecientos años, en 1076, los musulmanes turcos vencieron a los ejércitos cristianos bizantinos y avanzaron hasta capturar Palestina y Jerusalén.

La toma de Jerusalén horrorizó al mundo cristiano y dio origen a una serie de Cruzadas europeas cuyo objetivo era reconquistar estos territorios. Las Cruzadas duraron doscientos años. Islam, el judaísmo y la iglesia cristiana consideran que Jerusalén es tierra santa.

Para los musulmanes, se construyó una hermosa cúpula (La Cúpula de la Roca) en el lugar donde se dice que murió Mahoma. Para los cristianos, Jerusalén es el lugar de la crucifixión de Cristo, por lo que es el lugar más sagrado de la Tierra.

Durante las Cruzadas, ejércitos de soldados, campesinos e incluso niños, viajaron por tierra desde Europa con la intención de retomar la tierra santa. Durante más de doscientos años, los ejércitos musulmanes y cristianos dominaron estas tierras, hasta 1291, cuando los ejércitos musulmanes acabaron con los últimos vestigios de los europeos y del dominio cristiano en esa región.[5]

Israel y Jerusalén: Zona de guerras santas

En la actualidad, más de setecientos años después de la época de las Cruzadas, el solo nombre de estas guerras es suficiente para revivir antiguos temores y odios. En los tiempos modernos, la ira se ha concentrado en el pueblo judío y en su creación de Israel como nación en 1948. La ocupación israelita de territorios árabes a partir de 1967 ha despertado la ira de muchos musulmanes seculares y fundamentalistas.

La última vez que Plutón y Saturno se opusieron fue en 1965 y 1966. En 1967, los países vecinos de Siria, Líbano, Jordania y Egipto se unieron para atacar a Israel. Sin embargo, Israel se les adelantaron con un ataque en el que tomaron la Franja de Gaza, Golán y el Banco Occidental, lo que incluye el este de Jerusalén. (Antes ya controlaban el oeste de Jerusalén). El este de Jerusalén es donde se encuentra la sagrada Cúpula de la Roca de los musulmanes, donde se dice que Mahoma ascendió al cielo. Esta cúpula también se construyó en el lugar del templo más sagrado para los judíos, del que sólo queda el Muro de las Lamentaciones. A partir de la Guerra de los Seis Días, los musulmanes de todo el mundo

5. www.csd.k12.wi.us/CRUSADES.HTM.

han rechazado el control israelita de este lugar sagrado musulmán, al igual que su ocupación de tierras palestinas, donde viven más de un millón de árabes.[6]

Cada uno de los territorios ocupados que han sido tomados por Israel ha albergado a un gran número de organizaciones terroristas cuyo propósito es liberar estas tierras del control israelita, al igual que destruir la nación de Israel. En los países árabes cercanos, se han desarrollado organizaciones terroristas que tienen propósitos similares. Muchas de las tácticas de estas organizaciones terroristas brotan de una interpretación estricta y fundamentalista del Corán, que difiere mucho del enfoque más moderno que han adoptado los pueblos musulmanes de los países árabes. Algunos de estos grupos terroristas incluyen células que tienen vínculos con Bin Laden y su organización al Qaeda.[7]

Desde la creación de Israel en 1948, Estados Unidos ha proporcionado apoyo militar, financiero y moral al gobierno de este país. Gran parte de la ira que los árabes sienten hacia Israel se ha dirigido también a Estados Unidos. Desde su creación, Israel ha permanecido en un constante estado de vigilancia, por temor a los ataques militares y terroristas contra su gente. Con la destrucción del World

6. Información sobre la Guerra de los Seis Días, disponible en www.yahoodi.com/peace/sixdaywar.html.

7. Disponible en www.antipas.org/daily.

Trade Center, ahora Estados Unidos comparte ese temor.[8]

Interpretación astrológica de la nación de Israel

Para comprender la situación actual, es útil analizar la carta astrológica del nacimiento de Israel como nación.[9] En la carta de Israel encontramos muchas características reveladoras que explican la naturaleza de Israel. Israel tiene su Sol en Tauro, lo que representa con precisión su naturaleza firme y su perseverancia.

Israel ha sido capaz de soportar la continua embestida del terrorismo y de ataques militares en todas sus fronteras, lo que también se relaciona con Tauro. Otros indicadores astrológicos describen la naturaleza intensa y guerrera que en ocasiones manifiesta Israel.[10] Si se le provoca, Israel ataca ferozmente y se defiende de las incursiones o amenazas.

La carta de Israel también tiene una relación muy cercana con Saturno y Plutón. Al igual que la relación de Plutón y Saturno que está ocurriendo en

8. Ver Jonathan Keyes, "Todos los ojos están sobre Osama Bin Laden", en este libro para mayor información sobre la posición de Bin Laden ante Estados Unidos.

9. Disponible en el AstroDataBank de Lois Roddeen en www.astrodatabank.com/NMIsrealState.htm.

10. Por ejemplo, Israel tiene el Sol en cuadratura con Marte en su carta. La astrología relaciona a Marte con la guerra.

la actualidad, la formación de la carta de Israel se relaciona con una transformación de estructuras.[11]

Israel, habiéndose creado en territorios que antes eran dominados por los árabes, ha transformado la estuctura del mundo que le rodea. También ha transformado al árido desierto en tierra cultivable (aproximadamente el diecisiete por ciento de Israel es tierra cultivable y aproximadamente 1,800 kilómetros cuadrados tienen irrigación[12]), y en ciudades florecientes, como Tel Aviv. Como los israelitas han transformado la estructura de la tierra, también han engendrado un profundo odio en los árabes que viven en países cercanos, o en los territorios ocupados por Israel desde 1967.

Ahora Israel tendrá que encontrar el curso medio entre defender sus tierras y pacificar a los árabes que exigen justicia y que les regresen sus tierras. Esto es especialmente difícil cuando existen ciertas facciones entre los pueblos árabes y palestinos que lo único que desean es la destrucción total de Israel. En cierta forma, tanto los países del Medio Oriente como Israel, tienen que encontrar un camino medio que permita que todos los pueblos vivan en paz en

11. Plutón está relacionado con la transformación y Saturno con la estructura.. En tiempos de oposición, como el presente, hay fuerzas externas a la persona o al país que por lo general causan la transformación; mientras que en las conjunciones (como en la carta del nacimiento de Israel) la transformación ocurre en un nivel interno.

12. *U.S. CIA World Fact Book 2001*disponible en www.odci.gov/cia/publications/factbook/index.html.

esas tierras. En acuerdos de paz anteriores, Israel y los miembros de los territorios ocupados han estado de acuerdo en compartir el control de porciones del territorio.

De hecho, esta es la mejor solución, y es una solución que pacificaría a todos, excepto a los más combativos. Por desgracia, los grupos religiosos que son combativos y fundamentalistas, tanto de los países árabes del entorno como de Israel, han luchado contra estos acuerdos.

La Guerra del Golfo

De los asuntos religiosos y territoriales, pasamos a los del petróleo y la economía. A finales de 1989, cuando la antigua Unión Soviética se estaba retirando de Afganistán, un ejército de soldados iraquíes, bajo el mando de Saddam Hussein, entró a Kuwait, un país pequeño pero rico en petróleo. En enero de 1990, Estados Unidos lanzó un ataque para sacar a Irak de Kuwait, eliminando a miles de soldados iraquíes y civiles en el proceso.

Ya sea que el interés de Estados Unidos en el Golfo se basara en el petróleo o fuera un acto de vigilancia a nivel internacional, el efecto de la guerra ha sido de larga duración. Los bombardeos aéreos redujeron a ruinas gran parte de la infraestructura iraquí, y destruyeron valiosas fuentes de agua potable. Al final de la guerra y durante el largo embargo posterior a ella, miles, si no es que cientos de miles de personas murieron por falta de alimentación adecuada, agua y medicamentos.

Dos factores clave han contribuido a la ira de los musulmanes a causa de la Guerra del Golfo, en especial de musulmanes combativos y fundamentalistas. Uno de los factores clave que menciona Bin Laden al expresar su ira contra Estados Unidos es el hecho de que tenga apostadas tropas extranjeras en Arabia Saudita, la patria de Bin Laden. El otro factor es la cuantiosa pérdida de vidas en Irak, y el hecho de que muchas de las víctimas fueran civiles.

Finalmente, y a pesar de todo, Estados Unidos expulsó a los invasores iraquíes y el Presidente George Bush, padre, decidió no invadir Bagdad y eliminar a Saddam Hussein. Hussein juega un papel importante en la crisis actual. Aunque ahora la batalla se centra alrededor de Bin Laden, es probable que mueva hacia el antiguo conflicto entre Estados Unidos e Irak. Para comprender el conflicto y lo que podría ocurrir en el fututo, es útil analizar la carta astrológica de Saddam Hussein.[13]

Carta astrológica de Saddam Hussein[14]

Los factores astrológicos dan a conocer a una persona que es al mismo tiempo terca y firme, errática e

13. Bernadr Lewis, "Muslim Militants Reveal Different View of the World" [Los militantes musulmanes revelan una visión diferente del mundo] *The Oregonian*, 16 de septiembre e 2001 A14.

14. Los datos del nacimiento de Saddam Husein se tomaron del AstroDAtaBank de Lois Rodden en www.astrodatabank.com/NMHusseinSaddam.htm

impredecible[15]. Hussein desafió a los Estados Unidos en repetidas ocasiones, enviando un ejército de 500,000 hombres contra las fuerzas norteamericanas, tecnológicamente superiores, durante la Guerra del Golfo. Su carta también revela a alguien que es fiero y tiene voluntad fuerte, alguien que está dispuesto a luchar.[16] Esta combinación de factores hace de él un hombre con quien sería peligroso involucrarse. No es probable que retroceda en ningún conflicto, y es posible que recurra a medidas extremas para alcanzar la victoria.

Petróleo

Una de las principales razones por las que Hussein invadió Kuwait fue apoderarse de los ricos campos petroleros de Kuwait. El petróleo está en el corazón de la fragilidad económica de Estados Unidos. Sin petróleo, Norteamérica y gran parte del mundo occidental literalmente llegaría a paralizarse. No podrían funcionar los aviones, los automóviles y los camiones; la economía global caería en confusión. El Medio Oriente posee enormes reservas de petróleo, el cual venden a muchos países del mundo. Durante la década de los setentas, se formó un consorcio de empresas petroleras árabes que crearon la OPEP. Cuando la OPEP decidió limitar su suministro de petróleo, Estados Unidos experimentó tal escasez que sufrió una crisis petrolera.

15. Saddam Hussein tiene su Sol y Urano en conjunción en Tauro.

16. La conjunción de la Luna y Marte está en Sagitario en la carta de Hussein.

Al defender a Kuwait, Estados Unidos también quería asegurar que los campos petroleros pertenecieran a gobiernos amistosos y fueran operados por ellos, aunque esos gobiernos no tuvieran elecciones democráticas y a menudo fueran tiranos, como en el caso de Arabia Saudita. Este conflicto con Bin Laden señala un conflicto más profundo respecto a la propiedad y el comercio del petróleo. Si Hussein se involucra en este conflicto, y creo que lo hará, es posible que el problema del petróleo llegue a ser de nuevo una tema preocupante.

Conclusión

En la campaña por liberar al mundo de los terroristas, puede ser difícil ver las circunstancias que apuntalan estos ataques. Algunas personas han optado por clasificar al Islam como una religión peligrosa, cuando en realidad sólo un pequeño porcentaje de fanáticos han optado por interpretar al Islam en forma violenta y vengativa. También es importante ver los ataques dentro del contexto de la historia antigua de luchas que van desde las Cruzadas hasta la creación del estado de Israel y a la Guerra del Golfo. También las diferencias religiosas y culturales, los asuntos territoriales y la lucha por el suministro del petróleo son parte de la ecuación.

En este momento de oposición entre Saturno y Plutón, todos estos problemas cobran vida, y es probable que el contexto en que los entendemos cambie en el futuro cercano. Estados Unidos está atravesando una crisis y un renacimiento.[17] Es un momento en que su carácter y su sistema de creencias cambiará y tendrá que pasar a través de un proceso de crecimiento. Si los norteamericanos optan por acercarse a sus vecinos y entenderlos mejor,[18] habrá una posibilidad de mejores relaciones y de una disminución en el conflicto. Aunque algunos creen que la única opción es la guerra, también es esencial iniciar un proceso de diálogo con otros países. Además es importante estar alerta a la intolerancia religiosa que dañaría a los norteamericanos de ascendencia árabe dentro de Estados Unidos. No queremos caer en el mismo tipo de intolerancia que demuestran los fundamentalistas.

17. Esto se refleja en el hecho de que Plutón y Saturno transiten en la Ascendente y Descendente de Estados Unidos. La Declaración de Independencia se hizo a las 5:10 p.m., 1776, en Filadelfia, Pennsylvania, y esa es la carta que se usa aquí. Existen otras cartas para Estados Unidos pero elegí esta porque parece ser la más exacta.

18. Los vecinos extranjeros se representan en la Séptima Casa. Aquí es dónde Saturno está transitando, y a lo que se opone Plutón, en la carta de Estados Unidos.

Saturno y los periodos de poco movimiento en el mercado

GEORGIA ANNA SATHIS

Aunque estamos entrando a un periodo de poco movimiento en el mercado, es importante recordar que en este momento es adecuado investigar con cuidado y hacer inversiones conservadoras. Sin embargo, hay buenas noticias, ya que cuando el ciclo termine, veremos una actividad de mercado muy sana, a principios de 2003.[1] La actividad sana del mercado crecerá a partir del final de antiguas estructuras y de sistemas de dirección e inversión. Este proceso requiere de paciencia. Los descubrimientos se revelarán en su momento, mediante la investigación y el estudio. El periodo de poco movimiento en el mercado y en la investigación ocurrirá entre 2001 y 2002. Los cambios se relacionarán con la banca, las inversiones, los impuestos, las tasas de interés,

1. Júpiter entra a Virgo el 28 de agosto de 2003, y empieza a apoyar a un Marte mutable en todas las cartas que se exploran en este artículo.

la reconstrucción, la energía nuclear y la investigación y el desarrollo.

Tendencias futuras

Tomemos la investigación y el desarrollo como ejemplos del cambio futuro y de las oportunidades potenciales para las inversiones. En un mercado de soluciones rápidas y fáciles, la investigación y el desarrollo se redujeron al iniciar el proceso de reducción corporativa. Además, se despedía a los empleados de alto nivel pues se les consideraba muy caros y demasiado viejos. La filosofía de las corporaciones era contratar jóvenes ambiciosos con maestrías en administración de empresas por treinta mil dólares al año e invertir su dinero en forma provechosa. Ahora esperamos ver una tendencia contraria en la que se volverá a recurrir a los ejecutivos experimentados, tanto en el campo de la investigación como en el del desarrollo.[2] La sabiduría volverá a estar de moda. Tal vez el comprender que la experiencia y los conocimientos valen sea uno de los cambios más importantes que veamos a lo largo de los próximos dos años.

El planeta Saturno refleja actividades lentas y cautelosas en cuanto a reagrupar y reciclar, y en cuanto al ingenio y la habilidad. En el entorno actual, encontramos a Plutón en una relación muy dura

2. Saturno refleja la categoría de las personas mayores, y Plutón refleja regeneración.

con Saturno, lo que sugiere que nuestro reto es salir de las estructuras fijas y conocidas en los negocios y las inversiones, y avanzar con cautela y confianza utilizando formas nuevas de realizar negocios. Necesitamos ser frugales y ver el plan a largo plazo. La carta de Estados Unidos muestra que el público no va a regresar a los hábitos de gastar dinero que tenía antes del 11 de septiembre, y que por el contrario está gastando sólo en lo básico para poder vivir. Esto creará problemas en el comercio, pues las compras de las personas se basarán más en sus necesidades que en sus gustos.

Bienes raíces

Una reducción en los gastos implica una fuerte posibilidad de cambio en la disponibilidad y el valor de los bienes raíces. Saturno refleja el mercado de edificios y de bienes raíces disponibles. Una reducción en los gastos llevará a un mayor número de despidos, y a una cifra más alta de desempleo en los negocios de bienes raíces, *a menos que* los propietarios cambien su forma de hacer negocios. Si los ingresos de un negocio no cubren los requisitos de su presupuesto mensual, esto indica que esos edificios pronto estarán vacíos.

Como siempre pasa cuando Plutón está involucrado en una configuración con Saturno, tenemos una opción. Podemos seguir actuando como siempre y negarnos a cambiar, o podemos ser creativos para sobrevivir. El Aeropuerto de San Francisco es un excelente ejemplo. Después del reciente ataque, la actividad de los negocios se redujo en tiendas recién diseñadas. En lugar de perder a sus inquilinos, el aeropuerto optó por cobrar a los comerciantes un porcentaje de sus ventas, en lugar de cobrarles las rentas estipuladas en sus contratos. Esta fue una excelente solución "poco común" que refleja la flexibilidad estratégica.

El mercado de casas habitación se ha elevado en forma pronunciada durante los últimos dos años. A pesar de los despidos, sigue habiendo necesidad de casas habitación, y los precios siguen siendo altos. Para estimular la compra de bienes raíces, una estrategia importante es reducir los intereses de las hipotecas. Ya se habían reducido aproximadamente nueve veces en el último año con el objeto de impulsar las ventas, pero en el futuro habrá incluso más reducciones. Es concebible que las tasas para las hipotecas bajen hasta un 4.5 por ciento con el fin de estimular el mercado de bienes raíces.

Es probable que se incremente la disponibilidad de casas habitación rentadas, y esto hará posible que se negocien rentas muy razonables de propiedades comerciales o residenciales. La gente quiere reducir gastos.[3] Este momento crucial es similar a

3. Saturno refleja limitaciones en el pensamiento de la gente. Con Saturno conectado con Marte en las cartas que estamos considerando, la indicación es falta de voluntad para continuar pagando precios altos. Es posible que compañías enteras cambien de domicilio a locales menos caros, y en esa forma se desarrollen nuevos centros de negocios.

los periodos de inversiones congeladas que ocurren cada siete años;[4] y con los desafíos adicionales creados por el terrorismo, esta tendencia se acentuará aún más.

Comercio internacional

Un ejemplo de lo que podemos esperar ya ha ocurrido. Arabia Saudita apoyó a Estados Unidos en esta crisis, pero fue cautelosa al inicio de las negociaciones y no ofreció las bases militares norteamericanas que se encuentran en su territorio. Ofreció un espacio aéreo donde la Fuerza Aérea de Estados Unidos pudiera volar, y expresó su decisión de separarse del Talibán. Sin embargo, en una entrevista en uno de los canales de la BBC de Londres, su primer ministro explicó que no sentían que fuera adecuado ofrecer las bases militares, pues Arabia Saudita es un país musulmán, y dijo que en su opinión debían ser muy cautelosos y no alejarse de otras naciones musulmanas.

En otras palabras, el problema de las fronteras es un factor de importancia en las relaciones internacionales. Los sauditas se encuentran en una especie de situación imposible. Son musulmanes pero no quieren relacionarse con los musulmanes del Talibán. ¿Cómo separar estas dos situaciones confusas? Este es un difícil reto que puede llegar a

4. Saturno termina una cuarta parte de su ciclo cada siete años, y en consecuencia crea una configuración desafiante al cuadrar su propia posición.

un punto crítico y requerir una solución en el verano de 2002.[5]

Como Saturno va a enfatizar a Marte en la carta de Estados Unidos a lo largo de 2002, a lo largo de al menos dos años el país se enfrentará a un mercado muy inactivo que se mueve hacia los lados. Implica opciones que incluyen inversiones más confiables como fondos limitados (*hedge funds*), fondos a largo plazo, y por supuesto, aquí la estrategia podría ser comprar mientras los precios sean bajos, pues al parecer los gastos y las inversiones estarán algo bajos en la carta de la Bolsa de Valores de Nueva York.[6]

Es importante recordar que este ciclo de recesión ya había empezado antes del 11 de septiembre. Era inevitable que se presentara una desaceleración. Pero el ataque agrandó el problema en un factor de diez. Los cambios repentinos dieron pie a dificultades en el flujo de dinero y en el ciclo de dinero. Están entrando nuevas economías, aunque las antiguas economías siguen existiendo a medida que las cosas cambian.

El impacto del descenso en el sector tecnológico no ha desaparecido, y las secuelas continúan y se reflejan un una tasa cada vez mayor de desempleo

5. A mediados de 2002, Saturno está en los últimos grados de Géminis en conjunción con el Marte de Estados Unidos (1776) a 22 grados de Géminis.

6. Utilizando el 17 de mayo de 1792 a las 12:00 p.m., Nueva York, Nueva York.

y en un interés cada vez menor de los inversionistas en este campo.[7]

Las cifras bajas del mercado sugieren que las cosas están muriendo, pero al terminar el ciclo, siempre hay otro ciclo que avanza hacia un nuevo futuro.[8]

La nueva economía

La nueva economía, que aún está en sus etapas formativas, es una metamorfosis de tecnología y de biología. La nueva economía es biotecnológica, y esto es evidente no sólo en la carta de la Bolsa de Valores de Nueva York, sino también en muchas combinaciones planetarias que aparecerán en el futuro.[9]

En 2002 y 2003 podemos esperar ver personas extrañas y avances nuevos y extraños.[10] ¿Podría ser que se formen o se transformen algunas alianzas inesperadas alrededor de China? ¿Es posible que empiece a ocurrir cierto tipo de alianza o asistencia,

7. En la carta de la Bolsa de Valores de Nueva York, Urano transitando está tocando al Plutón natal a 23 Acuario. Urano es volátil y esto continúa hasta el final de 2001 y parte de 2002.

8. Esto lo indica el hecho de que Saturno transitando, a lo largo del año, toca la carta de NYSE, Marte en la Primera Casa de identidad, que por lo general es agresiva en sus movimientos. Marte rige la Octava Casa, que representa apoyo de otros, como los inversionistas.

9. Urano estará entrando a Piscis, reflejado por Neptuno, en un par de años y esta combinación puede cruzarse entre la tecnología y los líquidos del cuerpo como la sangre y el DNA. Neptuno ya está en Acuario, lo que es similar a una conjunción de Urano y Neptuno.

10. Urano, que es señal de extraños, transita el mismo grado en que se descubrió Neptuno, durante marzo, abril y diciembre de 2002.

o incluso un rompimiento en la estructura comunista de China? Tales cambios afectarán en forma dramática los mercados y es posible que expandan las alianzas financieras.

Los indicadores adicionales relacionados con Urano y Neptuno, incluyen posibilidades económicas como más fusiones de aerolíneas, que podrían llegar a convertirse en una propiedad colectiva ya sea del gobierno o de los países. Tal vez las dificultades y restricciones recientes impulsen este cambio.[11] Debemos estar alerta a los cambios en la ciencia y la tecnología, en particular en el campo de la energía, donde la electricidad y las sustancias químicas se combinan para crear nuevos tipos de fuentes de energía, como las células de combustible. Las ciencias que han surgido recientemente brotan de la combinación de sustancias químicas con fluidos corporales, como sangre combinada con DNA, y se convierten en puntos de despegue.[12] Estos descubrimientos detectan y tratan las enfermedades desde su raíz. Hay que prestar atención particular a la investigación que se ha estado realizando en el Proyecto Genome y en el campo de la ingeniería genética, que empezó en los últimos dos años. La investigación que actualmente se lleva a cabo en relación a las células (*stem cells*), como un

11. Saturno está relacionado con las restricciones, y estará en Géminis, el signo que se relaciona con el transporte.

12. Neptuno y Urano se relacionan con descubrimientos respecto al DNA.

recurso para sanar defectos y enfermedades de nacimiento, está a la delantera, como lo están las nuevas posibilidades de la clonación responsable. El descubrimiento de la estructura del DNA en años recientes, se alinea con el tránsito actual de Urano sobre la posición de descubrimiento de Neptuno.

Inventos y energía

Urano representa la electricidad. Es posible que los daños a los nervios puedan resolverse diseñando una especie de electricidad líquida que cauterice los nervios dañados, o los fertilice con un cóctel de DNA que fomente el crecimiento, o que al menos sea un alivio temporal que a la larga lleve a soluciones más permanentes. Como Urano describe la electricidad, al igual que las redes, es posible que las redes eléctricas en los hogares o en los vecindarios lleguen a ser una realidad. En lugar de sólo tener una red de cómputo en la casa o en la oficina, tal vez un tipo de cable digital de naturaleza cooperativa pueda suministrar la electricidad necesaria para hacer funcionar los aparatos eléctricos en los hogares y en los edificios a un menor costo.

Una nueva concentración en el mar y en el agua como nuevos recursos de energía es inevitable. La actual crisis energética de gas y electricidad es precursora de otros recursos naturales como nuestros suministros de agua. Los inventos que crean energía a partir del agua, o incluso producen agua, tienen como resultado nuevos tipos de energía. Si es posible clonar plantas y animales, ¿por qué no podemos desarrollar nuevos suministros de agua? Podríamos cobrar conciencia de la necesidad de plantas procesadoras de agua, estructuras para almacenar agua, presas y recursos hidráulicos, que sean una fuente más eficaz de energía. También podría haber avances en el transporte de la energía producida por el agua y los suministros de agua. Este incremento en la disponibilidad del agua lleva al empleo de métodos nuevos y diferentes de agricultura, como la hidroponía, o incluso las granjas verticales, en las que los métodos de hidroponía se usan en estructuras de varios pisos de altura.

Estamos viendo que se diseña todo tipo de aparatos para utilizar la energía con más eficacia, y las empresas que manejan energía ofrecen descuentos a las personas que aprovechan estas oportunidades. Esto reduce la demanda de energía eléctrica y gas, y ayuda a ahorrar dinero.

Comunicaciones

La comunicación inalámbrica, Internet y los sistemas más sofisticados de comunicación mediante video ayudarán a resolver las limitaciones de la transportación aérea. De hecho, los problemas relacionados con volar podrían impulsar el desarrollo de sistemas tecnológicos más refinados que ofrezcan la posibilidad de reuniones virtuales que rivalicen con las reuniones en persona. Este cambio también reduce los costos de combustible y de energía. El fusionar teléfonos celulares con aparatos para usos diversos que envían y reciben mensajes, que se pueden utilizar para conferencias en video, que trazan planes de viaje, almacenan notas, y mandan faxes, podrían proporcionarnos las nuevas varitas mágicas del siglo XXI.

El equipo de comunicación, en particular las computadoras, es cada vez más pequeño. Vemos teclados y aparatos de televisión más pequeños; y fusiones de varios aparatos en uno.[13]

Medios informativos

En una reciente entrevista en televisión, Walter Cronkite, uno de los periodistas más respetados de nuestros tiempos, estimuló al gobierno a formar una fuerza de seguridad con censores de información. El propósito de esta junta sería retener temporalmente información sobre tácticas y estrategias militares y no dejar que llegue a los medios con el fin de garantizar su naturaleza secreta y el éxito de las misiones militares. Toda la información se almacenaría y se daría a conocer en su totalidad después de que las misiones militares se llevaran a cabo. Así, se conserva el derecho de la libertad de palabra en la nación, pero no se revela demasiada información al inicio de las maniobras.

13. Saturno indica el tamaño más pequeño, Géminis la comunicación, y Plutón la fusión de varios objetos en uno.

Este congelamiento de información también se refleja en el congelamiento de fondos. Estados Unidos debe ser más cauteloso en asuntos financieros, entregando fondos con más cuidado cuando se trate de ayuda y de préstamos. Recientemente se activó un congelamiento electrónico de los fondos de las cuentas bancarias de algunas redes terroristas conocidas, y fue una medida prudente, además oportunamente se dio a conocer una advertencia universal de que no se entregarían fondos a quienes apoyaran a la red terrorista en cualquier forma.

Emergen nuevas formas

Ya ha llegado el momento de tener nuevas formas de publicar y nuevos formatos de publicación. Tal vez veamos revistas más pequeñas, libros más pequeños y mayor aceptación de la publicación electrónica que en el pasado, debido a la actual crisis de energía y falta de recursos.

La industria de la construcción podría experimentar cambios como métodos básicos de construcción, como el nuevo cemento claro que están usando los arquitectos en el diseño de edificios. El diseño contemporáneo de infraestructuras se ve a través del nuevo cemento claro. Este es un concepto totalmente distinto en cuanto al aspecto visual de los edificios. También es posible construir edificios dentro de otros edificios o en niveles subterráneos. Después del reciente ataque al World

Trade Center, tal vez sea mejor construir los centros importantes hacia abajo en lugar de hacia arriba. De hecho, los reglamentos sobre materiales de construcción podrían cambiar rigurosamente estando Saturno en oposición a Plutón.

Como Saturno rige la construcción y también las reglas o los códigos, y Saturno (forma y estructura) se opone a Plutón (transformación), la idea de eliminar toxinas de los edificios y del proceso de construcción podría finalmente madurar. Después de años de lucha contra las invisibles toxinas como el asbesto y los mohos, la gente podrá liberarse de sustancias que causan problemas severos de salud.

Cambios en el cuidado a la salud

Saturno simboliza la piel, los huesos y los dientes, que también son estructuras. Tal vez veamos un cambio de importancia en las industrias ortopédicas, al igual que en las industrias dentales y de artículos dentales. Las nuevas técnicas quirúrgicas que requieren de menos incisiones se han estado incrementando dentro del campo de la tecnología médica durante los años recientes. Tal vez una nueva dirección sea inyectar cartílago cultivado en lugar de recurrir a la cirugía.

Tal vez surja una técnica nueva: los parches en la piel. Desde hace algunos años, las personas han tenido mucho éxito al utilizar parches de nicotina como una ayuda para dejar de fumar. Las empresas farmacéuticas están perfeccionando parches para el control de la natalidad. Y la idea de usar parches para diversas deficiencias en el sistema de cartílagos del cuerpo, en el sistema de colágeno o en el sistema adrenal, podrían ser la vanguardia del cambio. Tal vez finalmente veremos avances en el tratamiento de pacientes muy alérgicos, cuyas alergias también brotan de factores ambientales.

En los siguientes dos o tres años se incrementará el número de nuevas tecnologías refinadas de láser, se inyectarán líquidos, o se absorberán sustancias con el uso de parches que se colocarán sobre la piel y serán diseñados para aumentar la movilidad de quienes sufren la limitación de enfermedades en las articulaciones, en particular la artritis, y deficiencias de calcio que destruyen la estructura del cuerpo.

Conclusión

El 11 de septiembre de 2001, Estados Unidos se enfrentó a una catástrofe: perdió su infancia y entró a la edad adulta. Se le obligó a crecer y a iniciar el proceso de reconstrucción. Esta tragedia, cuyo objetivo era destruir al país, produjo un resultado contrario. La ironía es que las acciones de los terroristas estimularon el valor, el heroísmo y la ética en que se funda la sociedad norteamericana, para ser examinados de nuevo. Ese día los norteamericanos empezaron su edad adulta como democracia, y lo que al parecer fue su hora más oscura, fue el principio de su futuro, pues siempre hay un futuro. Ya no pueden decir tontamente: "Eso no puede pasar aquí", porque pasó.

Estrategia, planeación y el planeta Marte

GEORGIA ANNA STATHIS

Para los astrólogos, Marte representa gastar y la motivación que está detrás de gastar. Marte refleja dos cosas en la economía: las guerras y las inversiones, o en otras palabras, la estrategia y los gastos. Hay tres formas en que puede operar la energía del ciclo de guerra e inversión:

- Un esfuerzo firme, incluso agresivo: derribar puertas por la fuerza o explorar nuevas direcciones;
- Un esfuerzo fijo o sostenido: mantener las cosas en marcha, terminar lo que empezó el primer grupo; y
- Un esfuerzo flexible y movible: movimientos constantes y rápidos que reflejan una repentina comprensión de algo y soluciones dinámicas.[1]

1. Los astrólogos reconocen tres clases de energía: cardinal, mutable y fija. Aries, Cáncer, Libra y Capricornio son signos cardinales; Tauro, Leo, Escorpión y Acuario son signos fijos; y Géminis, Virgo, Sagitario y Piscis son signos mutables.

En esta tercera categoría encontramos a un alto porcentaje de la energía de motivación en la mayoría de las cartas que estamos considerando en este libro. La mayor fuerza, al igual que la mayor fragilidad, yace en la capacidad de ser lo bastante flexible como para doblarse con las circunstancias, y entrar en contacto con las personas correctas que tengan las soluciones correctas. Esta capacidad de entrar en contacto con rapidez es un reto, pues la concentración puede llegar a ser un problema. Podrían desarrollarse tantas oportunidades o ideas, que ponemos demasiado hierro en la caldera.[2] Permanecer concentrado es el máximo reto en estas circunstancias. Encontramos a Marte, el símbolo de los gastos, en el modo flexible tanto en la carta de la Bolsa de Valores de Nueva York como en la carta de NASDAQ.[3] Ambas cartas reflejan los mercados recientes, en los que se ha experimentado éxito en las inversiones. El modo flexible también se adapta al temperamento norteamericano de capacidad de cambio, jovialidad, flexibilidad y deseo de experimentar cosas nuevas.

La capacidad de consultar a otros buscando soluciones posibles y de reunir gran cantidad de detalles y filosofías refleja la ubicación de Marte en un signo mutable (flexible), lo que muestra destrezas altamente desarrolladas para la solución de problemas. No obstante, para que las inversiones sean tan

2. Marte se relaciona tanto con el hierro como con el fuego.

3. Marte está en Sagitario en la carta de NASDAQ, y en Virgo en la carta de la Bolsa de Valores de Nueva York.

eficaces como sea posible, se requiere planificación, tiempo, recursos y energía. La destreza es flexibilidad; los resultados, acción inteligente. Como el arte marcial del aikido, los movimientos mutables atacan al enemigo respondiendo en base a puntos y contrapuntos. En otras palabras, cuando se realiza una acción, en lugar de reaccionar, la persona que se está defendiendo se hace a un lado y se quita del camino del agresor, hasta que el agresor haya gastado toda su energía. La persona que se está defendiendo actúa para someter al oponente.

En el modo flexible, Marte también es como una cobra que danza con su enemigo. Permanece en suspenso, esperando que su oponente se canse o se retire. La cobra analiza la situación constantemente. Si es necesario, ataca cuando menos se espera. Esta es la Estrategia que empleó Estados Unidos al responder al ataque del 11 de septiembre, y es también lo que están haciendo muchas compañías y mercados para combatir la recesión.

Realidad de la recesión

Antes del 11 de septiembre ya se venía venir una recesión, pero el ataque la lanzó sobre el país, haciendo que entrara en forma más inmediata a un periodo de dificultades económicas. Al analizar las cartas de la Bolsa de Valores de Nueva York y de Nasdaq, encontramos que Marte (que representa gastos y la motivación para invertir) está en un estado de inmovilidad a lo largo de los dos años siguientes.

Debemos enfatizar dos factores respecto a la situación actual:

- El país ya se dirigía a una recesión y a la inactividad resultante en el campo de los gastos y las inversiones que ocurre aproximadamente cada siete u ocho años; y
- La recesión es más intensa a causa de otros factores que se reflejan en el panorama del ciclo planetario.[4]

Antes del ataque del 11 de septiembre, los mercados ya estaban mostrando niveles de estancamiento y resistencia. Por ejemplo, desde el principio del año, el Promedio Industrial Dow Jones no había podido superar los niveles de 10,000 a 11,000. El 31 de enero de 2001, estuvo en 10,887; luego continuó hasta fines de febrero en 10,495; después bajó a 9,878 en marzo; se elevó ligeramente a 10,734 en abril; y luego a 10,911 en mayo, donde empezó a tambalearse. En el momento de este escrito, está en 9,060.[5]

4. Ver Georgia Anna Stathis, "Saturno y los periodos lentos en el mercado", en este libro, para mayor información sobre los efectos de Saturno y los periodos lentos.

5. Marte se hizo retrógrado a 29 grados Sagitario el 11 de mayo de 2001, lo que por lo general restringe o alerta a las personas respecto a gastar. Además, llegó a un grado muy crítico pues era un grado opuesto del eclipse solar del 22 de junio de 2001, que estaba por ocurrir, en 00 grados Cáncer. 29 grados Géminis. Polaris, la estrella polar o Estrella del Norte, está en

Inversiones en línea

La manera flexible en que la gente ha estado invirtiendo en línea en los últimos años, es adecuada para el mercado norteamericano. Sin embargo, este nuevo factor de cambio ha introducido confusión en los sistemas más tradicionales y sólidos de inversión, a través de corredores y casas de bolsa. Lo cierto es que entraron al mercado muchas personas sin formación ni conocimientos; entraban y salían de él, lo que contribuyó a la reciente volatilidad del mercado. Las fluctuaciones que resultaron de la entrada de los nuevos "punto com" al mercado, han ejercido presión contra el modelo antiguo del mercado, en lo relacionado con inversiones y gastos.[6]

Además, el pujante campo tecnológico ha dominado un alto porcentaje de los mercados de inversión en los últimos años. Los indicadores fluctuantes y volubles de un Marte movible y flexible favorecen mucho a este campo. Las cosas seguían moviéndose a un ritmo muy rápido, haciendo rápidos malabarismos para avanzar. Vemos muchos factores que agravaron el comportamiento ya volátil

---

00 grados Cáncer. Polaris se utiliza en la navegación. Si te pierdes, buscas la Estrella del Norte que te guiará a casa. Irónicamente, esta es una metáfora de lo que está pasando. Nos sentimos perdidos y estamos buscando una solución. El reciente eclipse total en esta posición sugiere que la navegación, en cuanto a nuestros asuntos globales, está en un punto crítico y que estamos a la sombra de un eclipse. No podemos ver nuestro camino con claridad en las tinieblas, pero tenemos la garantía de que saldremos de ellas, pues en todos los eclipses existe una luz futura.

6. El planeta Saturno refleja el antiguo modelo del mercado; un modelo estructurado de gastos programados cuidadosamente.

del Marte de las inversiones en la carta de Estados Unidos, Nasdaq y Bolsa de Valores de Nueva York. Se produjo una gran cantidad de comunicación, telecomunicación y negocios de acciones por correo electrónico, y encontraron una contraparte perfecta en las cartas de Estados Unidos y los mercados norteamericanos donde un teléfono, un automóvil y una computadora inalámbrica equivalen al cielo.[7]

Invierno económico

Ha descendido sobre el país un invierno económico de congelación en una fecha más temprana de lo esperado, a causa del golpe económico que representa el ataque al World Trade Center. Ante todo, esto implica un mercado muy difícil e inmóvil durante al menos dos años, que tendrá una apariencia de falta de crecimiento y de una incapacidad para comprender cuáles serían las mejores opciones para la inversión. Sin parecer demasiado metafórico, el invierno siempre es una estación asombrosa. Aunque parece que todo está congelado, incluso nos preguntamos si tiene sentido podar nuestros árboles, en la primavera aparecen muchos brotes nuevos como recompensa. Cuanto más se poden los árboles en el invierno, mayor será su crecimiento cuando

7. El planeta Marte está en Virgo en la carta de Bolsa de Valores de Nueva York , y en Sagitario en la de Nasdaq. El que Marte esté en Géminis en la carta de Estados Unidos, nos indica todos estos medios flexibles de comunicación.

el clima sea favorable. Este es el tenor del mercado y la economía actuales.[8]

La energía de la carta del ataque terrorista indica el primer tipo de energía que expliqué: la de tipo agresivo y fuerte. Muestra acción que requiere de medidas defensivas que no estaban presentes en el momento del ataque. La falta de preparación muestra la necesidad de sistemas operativos de inteligencia y seguridad mejor desarrollados. Esto incluye refinar los aparatos de seguridad de modo que analicen al instante los detalles y patrones que captan escáners de los ojos, de la cabeza o del cuerpo, y los códigos de barras detallados que se generan cuando el pasajero llega a la ventanilla. El código de barras podría fijarse a los boletos, al equipaje e incluso al cuerpo del pasajero (mediante cierto tipo de tinta indeleble), de tal manera que sea posible localizar al pasajero a través del sistema de seguridad del aeropuerto cuando aborda el avión en que viajará.[9] Esta misma tecnología puede utilizarse para todos los empleados de los aeropuertos, la policía y

---

8. El ataque de la red terrorista nos golpeó sólo como símbolo de agresión y motivación. Marte, regresando al punto del zodiaco al cual se había retirado a mediados de mayo de 2001, casi a 00 grados Capricornio, cuando el Dow Jones había estado aproximadamente en 10,900. Otro fuerte impacto es el hecho de que Marte acabara de cruzar el Centro Galáctico. Cuando los planetas cruzan el Centro Galáctico, las cosas ocurren a una enorme velocidad: el futuro cambia con más rapidez que durante los ciclos normales, lo que crea sorpresas y ansiedades repentinas, que los seres humanos no pueden asimilar con facilidad.

9. Las respuestas inmediatas se relacionan con Marte, al igual que la cabeza, el rostro y los vasos capilares de la retina.

los empleados de las líneas aéreas. Se requiere que las computadoras tengan sistemas más sofisticados para captar información y se deben invertir fuertes cantidades de dinero en programas de desarrollo, pero esta tecnología también ayudará a incrementar las medidas de vigilancia y seguridad en todas las industrias, no sólo en la de las líneas aéreas.

De hecho, una de las dificultades venideras que tal vez veremos es una nueva ola de crímenes de cuello blanco. Hemos tenido estudios forenses de crímenes por asesinato por muchos años, en los que cantidades increíbles de información se asimilan, se miden y se usan para resolver estos crímenes. A partir de esta tragedia podría desarrollarse un campo totalmente nuevo de técnicas y equipo forense para crímenes de cuello blanco.

Una mirada algunas cartas astrológicas

En la carta inaugural de Bush,[10] Marte (guerra y agresión) está en la porción de la carta que refleja la visión que otros tienen de Estados Unidos. Además, tiene una enfática posición respecto a una energía muy volátil, lo que sugiere acciones repentinas e inesperadas por parte de otras personas y en lugares inesperados.[11] La carta inaugural señala que a lo

10. La carta inaugural es el momento del nacimiento de un nuevo periodo presidencial.

11. Urano forma un cuadrado (un aspecto de 90 grados) hacia Marte entre la Décima Casa (reputación ante el público) y la Séptima Casa (enemigos manifiestos).

largo del próximo año habrá enfrentamientos de magnitud entre Estados Unidos y otros, no sólo a causa de agresiones inesperadas contra ese país, sino también a causa de ciertas limitaciones financieras. Además, esta colocación implica la necesidad de decisiones repentinas respecto a factores como la estrategia y la guerra, la acción y el causar heridas, y un despertar al heroísmo.[12] En esta carta, Marte está en Escorpión; una señal que sugiere un esfuerzo continuo por parte del presidente y su administración, como es de esperarse.

Al analizar la carta del nacimiento de George W. Bush, su Marte natal, el primer planeta que se levanta sobre el horizonte (en el lugar donde él nació) después de su nacimiento, está en Virgo, uno de los signos mutables. El signo de Virgo sugiere el reto de encargarse de muchos detalles, determinar la necesidad de cada opción, de asimilar con cuidado, y luego decidir qué acción llevar a cabo para actuar con eficiencia. Además, en la carta del nacimiento de Bush, Marte se relaciona con adquirir poder, con gastar, y con las capacidades que le ayudarán a hacer un trabajo que tenga como resultado el mayor poder.[13] Esto también es una marca conocida por el gastar y el ganar dinero.

12. Hay de 8 a 9 grados de diferencia en el cuadro, lo que representa de ocho a nueve meses después de la inauguración. En este momento, Marte se opone a Saturno en Tauro, lo que indica un problema financiero.

13. Marte en la Segunda Casa, el sector que se relaciona con metas materiales y dinero.

La situación política actual ha obligado a esta administración a elegir y a seleccionar con qué personas asociarse en lo relacionado con asuntos financieros; y a ser críticos y claros respecto a las elecciones que se hacen al establecer sistemas que generen el apoyo para luchar contra la red terrorista.[14]

Marte refleja tiempos heroicos, personas heroicas y acciones heroicas. El heroísmo es un valor que se rehabilitó durante esta tragedia. De hecho, Estados Unidos no había tenido héroes vivientes por algún tiempo. Las acciones de todos los que estuvieron cercanos a los ataques terroristas han encendido la chispa de un nivel de conciencia de heroísmo en ese país. Esta chispa lo ha hecho regresar a los valores de proteger y cuidar unos de otros.

El planeta Marte refleja la "lucha". El signo en que lo encontramos nos muestra qué dirección tiene esa lucha. Virgo sugiere una lucha por diseñar una estrategia o protegerse de cosas como sistemas y métodos nuevos, nuevas tecnologías de seguridad y riesgos de salud. Marte en Escorpión refleja un esfuerzo continuo que a la larga transforme la forma en que los gobiernos interactúan en el drama global.

En muchas formas, este nueva guerra es ecléctica. No sólo se trata de atacar y responder con ataques mediante poder militar, sino de poner en

14. Al estudiar la carta de progreso de Bush, su Sol de progreso está a tres grados de su Marte natal, lo que le impulsa a aprender a discriminar y a actuar en forma estratégica a lo largo de los próximos tres años.

uso todas las tecnologías modernas que estén disponibles. En muchos aspectos, esta es una "guerra cibernética" en la que se pueden congelar cuentas bancarias, localizar registros, reconstruir historias, mandar propaganda, mandar información en canales cerrados de comunicación, e incluso utilizar el ciberespacio para enviar reclamos. En otras palabras, esta es una guerra que es más inteligente y en potencia distinta a conflictos anteriores.

Marte también representa aquello que nos apasiona. Por ejemplo, en la carta de la ocupación de Afganistán por parte del Talibán, el 25 de abril de 1992, a las 2:22 p.m. AFST in Kabul, Afganistán, vemos a Marte en la Séptima Casa, que como ya dijimos, es la casa de los enemigos manifiestos.

Está en el signo de Piscis, que simboliza misticismo y fe, lo que indica acciones motivadas por la pasión y la religión. Lo interesante aquí es que en el frenesí por destruir a los "infieles", se realiza un esfuerzo consciente por mezclar las creencias del Talibán con las de los musulmanes. Escuchamos una y otra vez en las noticias que Estados Unidos no está luchando contra la fe musulmana, sino contra la secta conocida como el Talibán, que asegura estar formada por buenos musulmanes.

Aquí hay una mezcla de términos. Marte en Piscis refleja la incapacidad para establecer límites y términos, de modo que la confusión continuará siendo un problema a lo largo de este proceso.

Conclusión

Unas cuantas horas después del ataque, se cerró la Bolsa de Valores de Nueva York.[15] Había temor relacionado con preguntas respecto a la forma en que responderían los mercados al abrirse el lunes 17 de septiembre de 2001. Ese primer lunes, hubo una pérdida sorprendentemente leve de menos del 10 por ciento. Al avanzar la semana, la situación empeoró, pero en comparación con lo que pudo haber sucedido, se mantuvo bastante estable. Ahora el país se enfrenta a un periodo de crecimiento lento. Ver el capítulo sobre Saturno y los periodos de poco movimiento en el mercado que contiene información sobre la manera en que probablemente se desarrollen las cosas.

15. En la carta de la Bolsa de Valores de Nueva York, Marte está en el mismo signo que en la carta de Bush: Virgo. El 11 de septiembre de 2001, el Sol en tránsito (que se enciende o se apaga) golpeó al Marte de la Bolsa de Valores de Nueva York, cerrando la bolsa de valores horas después; una respuesta rápida, estilo Marte.

Una nueva economía

GEORGIA ANNA STATHIS

Ya sea que los terroristas se hayan dado cuenta o no, su intento por destruir la economía de Estados Unidos podría ser la acción que de a este país, y al resto del mundo, una nueva dirección hacia la cooperación entre los gobiernos.[1] Además, la intención del ataque era destruir a los "infieles", una acción que resultó contraproducente, pues la tragedia revivió la espiritualidad latente que implica la Constitución de los Estados Unidos ("una nación bajo Dios"). Lo que se hizo con la intención de separar, está unificando, en particular en el sector de las inversiones y el comercio. El ímpetu de la defensa a la larga abre un nuevo territorio económico.

El nuevo escenario económico

Antes de empezar a hablar de la nueva economía, es importante definir economía. La economía es

1. Libra y Capricornio, regidos por Venus (que se relaciona con alianzas) y Saturno (que se relaciona con gobiernos), se opone a Plutón (que se relaciona con fusiones), apoyan esta conclusión.

el estudio de la forma en que los bienes y servicios se producen y se distribuyen. El *cómo* incluye una dirección con sentido del ahorro, frugalidad en los gastos y el consumo de dinero, y el manejo de recursos.[2]

Se han desarrollado diversos sistemas económicos que se basan en los valores y filosofías de diversas naciones. Algunos de los modelos económicos actuales son el capitalismo, el comunismo y las economías mixtas, en las que puede haber mayor control gubernamental que en un capitalismo puro, pero no tanto control como en el comunismo.

Es posible que el comunismo desaparezca por completo para el año 2011, o que adopte otra forma más adecuada a los periodos económicos actuales. En 2011, Neptuno, que representa fusiones y eliminación de fronteras, está llegando al punto del zodiaco en que se descubrió por primera vez en 1846.[3] El concepto del comunismo coincidió con el descubrimiento de Neptuno. Como lo expresa Geraldina Hatch Hanon en su libro *Espacio sagrado*:

> El descubrimiento de Neptuno, no sólo coincidió con el surgimiento de los dos

2. El juego astrológico entre Marte y Saturno por una parte, y el de Venus y Saturno por la otra.

3. En el lado positivo, Neptuno refleja la imaginación, la sanación, el trabajo del alma y la fe espiritual. Refleja la capacidad para visualizar y luego manifestar. En el lado negativo, Neptuno refleja locura, depresión y uso excesivo de drogas. Al igual que todos los planetas, Neptuno tiene aspectos constructivos y destructivos.

> sistemas económicos y políticos de este siglo, el comunismo y el capitalismo, sino que ese descubrimiento anunció el inicio de un ciclo en que quienes habían sido víctimas de la opresión de la forma de democracia del hombre blanco, empezaron a actuar en su lucha por la libertad y la igualdad. Como Neptuno tiene una órbita de 165 años, todavía no ha regresado al punto en que se le descubrió, 26 grados de Acuario. Al paso de los años, sin embargo, al ir formando los aspectos dinámicos de cuadraturas u oposiciones respecto a la posición en que se le descubrió, estos aspectos han marcado puntos críticos en la evolución del comunismo, al igual que de los derechos de las mujeres y de los Negros.[4]

En una época en que las fronteras y los límites cambian con rapidez, empezando con la caída del comunismo en la antigua Unión Soviética a finales de los ochentas, vemos que se han formado nuevas uniones y alianzas. La Unión Europea ha creado una moneda única llamada euro. Internet llega a Alemania con la misma velocidad que a New Jersey. Existen servicios de pago como el Pay Pal, que facilitan los pagos al extranjero. Incluso existe una nueva palabra en el diccionario: *e-commerce*. Aquí el reto es

4. Geraldine Hatch Hanon, *Sacred Space* (Fireband, 1990)

que la tecnología nos ha sacado de la caja de la antigua economía, y la tecnología precede a las leyes. Otro reto es que los bienes, los servicios y la información están cruzando con rapidez las líneas de los estados y las naciones. Un aparato tiene piezas que vienen de diversos países, y sus países de origen aparecen en sus etiquetas.[5]

¿Qué indica este tipo de alianza en cuanto a oportunidades económicas que nos está imponiendo la nueva alianza global contra el terrorismo? Indica que cuando en realidad hayamos aprendido a negociar, llegará el momento en que consideremos nuevos sistemas monetarios que unifiquen a las naciones.

Es probable que no lo veamos sino hasta 2021,[6] cuando iniciará un periodo de unificación de negocios internacionales y de redes económicas. Podemos esperar cambios en todo el campo de la moneda, de los mercados de préstamos, de los pagos a largo plazo, de tazas de interés más bajas que nunca, y en el campo de los impuestos, lo que permitirá un intercambio más libre y avances en las posibilidades de inversión.

La nueva economía abarca la prosperidad al mismo tiempo que incluye nuevas sociedades internacionales que requieren la exclusión consciente del

5. Estos cambios coinciden con la cuadratura de Saturno con Urano en julio de 1999, noviembre de 1999 y mayo de 2000, al igual que con la conjunción de Júpiter y saturno en mayo de 2000.

6. Este es el momento en que Júpiter tiene conjunción con Saturno en Acuario.

miedo.[7] Las filosofías y puntos de vista políticos que están en conflicto generan miedo en las economías que ya son inestables de por si, debido al conflicto de valores.

El valor, en forma de bienes tangibles, es la base de cualquier economía. Esta visión puede ser anticuada cundo surja un nuevo sistema de valores, y las realidades intangibles, como el conocimiento, la educación y las relaciones poderosas en un entorno altamente sofisticado se vuelven importantes.

En una entrevista exclusiva que se llevó a cabo exclusivamente en la revista en línea Financial Executives International [Ejecutivos Financieros Internacional], Barry D. Libert, coautor de *Cracking the Value Code [Descifrando el código de valores]* dice: "En la Nueva Economía, valor se define en forma diferente que en las economías anteriores. En la Nueva Economía, creamos valor con bienes intangibles como las personas, las relaciones, la propiedad, las patentes y las profecías. Desde el punto de vista de la historia, un valor se creaba y se medía mediante objetos y dinero. Por primera vez en la historia, vimos una enorme transición en el tema de los valores, que se inició en 1972.

7. Saturno refleja acción fría y cautelosa. No sólo está en una relación enfática de dos años con el planeta de los gastos, Marte, en todas las cartas mencionadas, incluyendo la carta inaugural de George W. Bush, sino que además tiene una posición muy enfática con la energía transformadora de Plutón. Este ciclo sólo ocurre aproximadamente cada treinta y seis años, y acompaña los cambios políticos importantes que son el resultado de enfrentamientos de visiones políticas.

"De modo que la Nueva Economía es más antigua que los cambios recientes [Internet y empresas técnicas], y está cambiando la fuente del valor".[8]

8. Disponible en www.fei.org/magazine, con vínculo a FEI Online Exclusives.

El nuevo clima de las inversiones

GEORGIA ANNA STATHIS

Con el fin de determinar el clima de los gastos, las inversiones y en general, la forma en que marcharán las cosas durante el siguiente trimestre, los astrólogos usan cartas que marcan el principio de cada estación.[1] Podemos verlos de diversas maneras. Una manera sencilla es poner las influencias positivas contra los retos. Pesamos cifras para calcular porcentajes en forma coherente cada trimestre.

Indicadores económicos generales

Tanto la invariable del trimestre de otoño como la de invierno, muestran la misma tensión y ansiedad a medida que los indicadores siguen un patrón relacionado con las estaciones. Sería prudente

1. Las cartas de ingreso se calculan para el momento en que un cuerpo planetario entra a un signo. Las cartas de ingreso más comunes son los momentos del ciclo del cambio de estaciones. Ocurren cuando el Sol entra a Aries a 00 grados en el equinoccio de primavera, a 00 grados en Cáncer en el solsticio de verano, en el equinoccio de otoño en 00 grados Libra, y en 00 grados Capricornio en el solsticio de invierno.

reorganizar los portafolios y mantener bajos los gastos desde el otoño de 2001 hasta el inicio de 2002. Pero es aún más importante enfrentar esta tarea al principio del trimestre de verano de 2002. En la segunda parte del trimestre de verano, empezando el 22 de junio de 2002, empezaremos a ver una recuperación, incluso un optimismo. Es muy importante notar que la parte final de julio y todo el mes de agosto de 2002 no deben malinterpretarse viéndolos con demasiado optimismo.

El trimestre de otoño de 2002 podría ser el inicio de un periodo de falso optimismo, que tendrá como resultado un crecimiento de la deuda, o el que la gente se apresure a entrar a la moda de las inversiones. Los precios del petróleo podrían permanecer en niveles bajos a lo largo de todo el año, pero al inicio del otoño de 2002, empezará a subir, al igual que las tasas de interés.

Sin embargo, al estudiar estas cartas, es obvio que las tasas de interés están llegando a un nivel bajo histórico para generar gastos. También es posible que el gobierno ofrezca beneficios fiscales con el fin de estimular aún más los gastos y los negocios. No obstante, cuando el velo se levante al final del verano de 2002, es importante apegarse a acciones muy estables y de bajo riesgo, al menos durante el siguiente año. Se puede esperar que en 2003 ocurra en el mercado un cambio regular más positivo.

A continuación, presento una visión general de cada trimestre empezando en el otoño de 2001. Todas las cartas se calcularon para Washington, D.C.

Trimestre de otoño:
22 de septiembre de 2001, 7:04 p.m. EDT[2]

El descenso en los precios se enfatiza en este trimestre con el fin de generar el consumo. Este tema continúa a través del trimestre de invierno. Hay grandes dificultades en el tráfico, las comunicaciones, los servicios postales o cualquier servicio de mensajería que se utilice para transmitir información. Esta limitación llega a la comunicación por Internet, a la información sobre control de tráfico, a acuerdos de licencias, y podría incluir un descenso en las exportaciones. Las compras son bajas. El mercado de bienes raíces se desacelera tremendamente. Esta carta indica una gran cantidad de despidos, que llega a su cifra máxima alrededor del 5 de octubre

2. Este es el tipo de indicador que señala descensos en los precios: (1) Mercurio desacelera antes de retroceder, (2) Marte en Capricornio; como en el caso de Saturno, la ubicación de Marte en Capricornio restringe los gastos, y (3) Marte en el Nodo Sur hace el problema más difícil. La oposición de Saturno y Plutón a lo largo del año sugiere un entorno de cautela. Venus en Virgo en la Sexta Casa y acercándose a una cuadratura con Saturno por un lado y con Plutón y la Luna por el otro, indica un suministro de dinero reducido, una ausencia de incremento en los precios, riqueza limitada. Esto también sugiere una re-financiación para tratar de consolidar la deuda. Las enfermedades infecciosas se relacionan con los planetas Plutón y Marte. Venus tiene cuadratura con Plutón el 1 de octubre y con la Luna el 2 de octubre, lo que posiblemente indica problemas relacionados con enfermedades. Venus, Plutón y Marte no tienen aspectos favorables en esta carta de ingreso.

de 2001. Se están desarrollando nuevas sociedades con los servicios armados en Estados Unidos y en el extranjero. Los métodos y sistemas tendrán grandes cambios, al darse a conocer las verdades relacionadas con el verdadero nivel de los valores financieros.

Esta carta muestre un aumento en los problemas de salud, con brotes de diversas enfermedades infecciosas. A lo largo de la historia, durante periodos astrológicos como el presente, han aumentado las enfermedades y las plagas. William H. McNeill, autor de *Las plagas y la gente*,[3] escribe que la rápida difusión de enfermedades en vastas porciones de la población ha cambiado el curso de la historia, y por tanto los poderes y la economía. Las enfermedades no sólo han acabado con poblaciones, sino que han actuado como catalizadores entre poblaciones en guerra. Cuando la enfermedad impide que un pueblo se defienda y ataque, se inician cambios. Por ejemplo, después de expulsar a los españoles de Tenochtitlán, el hombre que organizó el ataque contra Cortés sucumbió a la viruela, al igual que sus compatriotas.[4] Como los aztecas no pudieron luchar contra Cortés, fueron derrotados. Además, el aspecto psicológico de esto pudo ser que los aztecas pensaron que sus dioses los "habían abandonado", abriendo así la puerta a las conversiones masivas al cristianismo.

3. William H. McNeill, *Plagues and People* (Anchor Books, Anchor Press, Doubleday: 1976).

4. Esto ocurrió en 1519, y hubo una conjunción de Saturno y Plutón en 1518.

La Plaga Negra cambió el curso de la historia de Inglaterra,[5] y la enfermedad fue un factor de importancia en la destrucción de la población de Mesopotamia después de las conquistas árabes del siglo XVII.[6] En un artículo noticioso reciente, dado a conocer por Stratfor[7] el 5 de octubre de 2001, se informa sobre "el brote de un virus en la frontera entre Pakistán y Afganistán que causa preocupación respecto a la posibilidad de una guerra biológica que pondría en peligro a las tropas norteamericanas. Pero aunque la enfermedad podría afectar a los refugiados afganos, no es probable que las fuerzas norteamericanas estén en riesgo".

Los asuntos relacionados con la salud implican una creciente demanda en el marcado de los medicamentos, los sistemas de medicina preventiva y productos manufacturados. Tal demanda podría ser un resultado de esta difícil situación. En vista de que las importaciones, las relaciones públicas y la información al público se enfatizan en esta carta, podría haber gran cantidad de información al público sobre medidas preventivas durante la temporada navideña de 2001. La educación en el tema de la salud es esencial para todos los ciudadanos del mundo.

---

5. La plaga empezó en 1348. Hubo una conjunción de Saturno y Plutón en 1350.

6. La conquista concluyó en 639, y hubo una cuadratura de Saturno y Plutón en 638.

7. Stratfor se puede consultar en www.stratfor.com.

Trimestre de invierno:
21 de diciembre de 2001, 2:23 p.m. EST

En este trimestre se enfatizan temas como: bienes congelados, préstamos, portafolios de acciones y reorganización de bienes. Esto señala un buen momento para trabajar de nuevo con los portafolios con el fin de reducirlos y reducir sus riesgos. La bolsa de valores será algo volátil en este periodo, en particular del 11 al 15 de diciembre, al igual que del 27 al 31 de diciembre. La Reserva Federal de Estados Unidos podría anunciar más reducciones en las tasas de interés para motivar a las personas a permanecer en los mercados.

Es probable que éste sea un momento interesante para el mercado de bienes ríces. Al descender las tasas de las hipotecas, podrían llegar a ser la mejor opción de negocios en años. Hay que estar alerta a los valores que se reduzcan en el campo de los bienes raíces, lo que proporcionará alojamiento más accesible y algunas ventajas fiscales para los propietarios de casas. Tal vez esto parezca una rebaja del gobierno en la compra de casas, posiblemente un tipo de paquetes de préstamos diferentes a los paquetes estándar (V.A. y F.H.A).

Al parecer quienes están vendiendo casas están dispuestos a ofrecer mejores precios, lo que implica que en la temporada navideña habrá un mercado extemporáneo para los compradores. En general, las rentas también se reducirán. Sería una buena estrategia renegociar las rentas que están a punto de expirar, pues habrá un mayor número de casas disponibles para renta.

Este mercado extemporáneo para los compradores afecta también las ventas a menudeo durante la temporada navideña. Es posible que se vendan mercancías casi al costo, en particular cerca de la temporada navideña. La colaboración entre los comerciantes podría provocar un formato híbrido de ventas en los centros comerciales (por ejemplo, ventas en bloque), con el fin de demostrar un nuevo espíritu de alianza.

El factor más grande en la carta del Ingreso del Invierno es la situación de los empleos. La tasa de desempleo permanece alta durante el otoño y el invierno, pues las compañías buscan equilibrio, pero esta misma situación de desempleo es un campo fértil para que los desempleados con astucia técnica ofrezcan servicios nuevos y diferentes. Este trimestre podría ser una oportunidad para aplicar nuestras destrezas a transformar sistemas, ambientes de trabajo y sistemas de bases de datos, para actuar como agentes independientes que trabajan por su cuenta. Las fisuras en las estructuras corporativas requerirán el análisis diestro y la interpretación de contratistas independientes calificados.

Después del 18 de enero de 2002, esta estrategia potencial para trabajar de manera independiente se vuelve más prominente. El individuo bien entrenado que está desempleado podría ser contratado para realizar investigaciones profundas que ayudarán a crear una mejor estructura para quienes les ofrezcan este tipo de empleo temporal, que les ofrecerá sistemas más sólidos en el campo tecnológico y ambiental. Para aquellos que necesitan entrenamiento, este trimestre ofrece grandes oportunidades para buscar oportunidades de conseguir licencias o de recibir entrenamiento vocacional.

Trimestre de primavera: Marzo 20, 2002, 2:16 p.m. EST[8]

¡Noticia urgente! Podría formarse un nuevo modelo WPA (Work Projects in World War II [Proyectos de trabajo en la Segunda Guerra Mundial]), como resultado de la situación de desempleo en Estados Unidos. El cambio catastrófico en la fuerza de trabajo podría llevar a la formación de nuevos grupos de trabajo financiados por el gobierno, ya sea para mandarlos al extranjero o para trabajar en el país.

8. Neptuno, que rige la Octava Casa (ingresos) cae en la Sexta Casa (sindicatos y negociaciones) y se alínea con la Séptima Casa (sociedades y nuevas posibilidades para los socios). Marte, que rige la Novena Casa (viajes) está en cuadrtura con Neptuno (fusiones) en la Sexta Casa. Además, Neptuno, que rige la Octava Casa, está en la Sexta Casa (empleos) y trino con la Luna en Géminis. La Luna rige a las personas y está cerca de Saturno (lucha). Venus, que rige la Tercera Casa (exportaciones), ubicado en la Novena Casa (exportaciones) sugiere fuerza en esta zona de la economía. Además, Venus rige la Décima Casa (disponibilidad de productos manufacturados) y existe una demanda por este equipo. Mercurio está en retroceso el 15 de mayo; hay un eclipse el 28 de mayo a 5 grados en Sagitario cerca de Saturno a 9 grados de Géminis, y en el lugar en que Mercurio fue en retroceso a 9 grados de Géminis el 15 de mayo.

Hay muchas personas talentosas en Estados Unidos y esta fuerza de trabajo estará deseosa de actividad. En vista de que la transición ha sacado a muchas personas de la zona donde se sienten cómodas, es necesario considerar la posibilidad de entrenarse en otros campos.

Al continuar las fusiones de organizaciones, más trabajadores serán despedidos y las agencias de trabajo temporal florecerán en este periodo. Las empresas manufactureras se reducirán, pues habrá un descenso en la demanda y en la producción, dejando a la fuerza de trabajo en la lucha. Tal vez se recurra a los sindicatos para que aumenten la ayuda que dan a sus afiliados, y es posible que las leyes de los sindicatos cambien de modo que se permita a las personas trabajar en puestos no incluidos en los sindicatos durante este periodo difícil. Las organizaciones sindicales, actuando como agentes para los miembros de los sindicatos, podrían empezar un tipo de servicio de colocación para sus miembros.

La gente está lista para gastar, pero no lo hace porque deberá pagar impuestos en abril de 2002. El gobierno reconoce esto y podría transformar su línea estricta respecto a pagar puntualmente los impuestos ofreciendo planes de pago alternativos con tasas bajas que harán historia. Es posible que en breve aparezca un nuevo modelo para una estructura fiscal fija, pero aún no se ha puesto en vigor, debido a dificultades más inmediatas que es necesario abordar, como las crecientes pérdidas en la industria del transporte y el turismo. Podrían surgir pláticas sobre la fusión de las grandes aerolíneas.

Un incremento en las exportaciones podría tener como resultado un incremento en el flujo de dinero. La maquinaria, el hierro, el acero, los equipos, la maquinaria militar y los entrenadores militares tienen mucha importancia como parte de esta exportación de productos, de bienes manufacturados y de entrenadores.

Hay que ser cautelosos para invertir en este trimestre. Lo que parece una buena inversión que crecerá o que regresará a sus precios originales, podría estar reflejando únicamente un impulso temporal. Es muy importante investigar las inversiones ya que en este trimestre habrá algunas gangas increíbles. Una posible consolidación a mediados de mayo podría llenar los mercados de fusiones y compras entre las empresas. Durante la segunda mitad de mayo hay varios patrones planetarios que indican esta limpieza final en los mercados antes del verano, cuando las cosas empezarán a regresar a sus niveles anteriores.

Trimestre de verano:
21 de junio de 2002, 9:24 a.m. EDT

Existen muchos indicadores de recuperación. Sin embargo, Junio muestra un inicio muy lento. Se ven resultados prósperos al final del verano y al acercarse el otoño, lo que ofrece nuevas posibilidades de inversiones, en particular en los campos de la medicina, la biotecnología, la bioquímica, la hospitalización, los servicios de hospitales, los servicios médicos y los campos de la rehabilitación de drogadictos y alcohólicos. Aunque los precios del petróleo han permanecido bajos, podrían empezar a subir en este trimestre. Una aceleración de precios más drástica podría ocurrir cerca de agosto de 2002.[9]

La gente siente deseos de empezar a gastar en este trimestre. Las proyecciones son optimistas y los inversionistas empiezan a regresar a sus portafolios para agregar inversiones. Incluso el mercado de bienes raíces empezará a mejorar, con la ayuda de los bajos impuestos y las bajas tasas de hipotecas. Los precios de bienes raíces no están en los niveles altos que tenían en el año 2000, pero vuelven a adquirir valor, y en los siguientes meses podrían ser provechoso invertir en bienes raíces o terrenos, mientras las tasas permanecen bajas. Sin

9. *Notas astronómicas para el trimestre de verano:* Júpiter está cerca de Marte y Venus en la Duodécima Casa, lo que indica fuerza en los hospitales, el área biomédica y campos relacionados. Desde el punto de vista astrológico, este parece un trimestre de optimismo. Por ejemplo, la conjunción de Marte y Vesta (un asteroide) por lo general indica nueva actividad de inversiones, y esto ocurre justo en el ingreso. Mercurio y el Sol están en conjunción el 22 de julio. Júpiter está en conjunción con Venus al entrar a Leo al principio de agosto. Y finalmente, Marte y el Sol están en conjunción en la carta Ascendente a 14 grados Leo el 7 de agosto de 2002. Se espera mayor optimismo e inclinaciones especulativas por parte de los compradores. Júpiter y Marte estarán en conjunción en los últimos grados de Cáncer el 5 de julio, lo que incrementará los gastos en alojamiento, alimentos o antigüedades.

embargo, al parecer las tasas de interés empezarán a subir en el trimestre de otoño, y se incrementará la carga de las deudas.

El trimestre de verano podría ser el momento de consolidar, volver a financiar, reponerse y volver a trabajar las inversiones y aprovechar los mejores precios antes del inicio del trimestre de otoño.

Trimestre de otoño: 23 de septiembre de 2002, 12:55 a.m. EDT[10]

El trimestre de otoño empieza con un golpe después del optimismo de julio. Sin embargo, es importante continuar con hábitos cautelosos en cuanto a gastar, y seguir con hábitos de inversión más tradicionales que se cultivaron a lo largo de este difícil año. La economía luchará, no porque no haya empleos, sino por las deudas en que la gente incurrió para sostenerse a lo largo del año anterior. Por eso es muy importante continuar en un sendero de inversiones más conservador. Seamos cautelosos al comprar y al formar sociedades legales, en particular del 11 de

10. *Notas astronómicas para el trimestre de otoño:* Hay un eclipse que empieza el 19 de noviembre de 2002, el cual señala un periodo difícil en lo económico. Venus está en retroceso del 11 de octubre al 21 de noviembre, lo que sugiere cautela. Neptuno está en la Octava Casa en Acuario en cuadratura con Venus en la Quinta Casa, lo que sugiere fluctuaciones en los precios del petróleo. Júpiter en retroceso el mismo día del eclipse, 4 de diciembre de 2002, en la Segunda Casa de obtener poder, una señal favorable. Saturno, que rige la Séptima Casa de las relaciones, está en la Duodécima Casa de esta carta, y Marte está en cuadratura con él, lo que indica que las decisiones y tratos que se hicieron a finales de 2001, regresan ahora para ser evaluados de nuevo.

octubre al 21 de noviembre. Todos los contratos requieren gran cuidado durante este periodo, con el fin de estar seguros de que son funcionales. Debemos buscar la asistencia de un abogado para asegurar que su redacción sea correcta.

Los precios del petróleo fueron estables a lo largo del año anterior, y es posible que empiecen a subir. Los costos laborales y de mercancías permanecen bajos, en particular a finales del trimestre.

Las tensiones de este periodo tal vez tengan algo que ver con las alianzas que se formaron durante la lucha contra la red terrorista. Quizá sea el momento de pagar en los términos prometidos anteriormente.

Meditaciones sobre el futuro

JONATHAN KEYES

A medida que las olas del impacto que nos causó el ataque contra Estados Unidos se hunden en nuestra conciencia, debemos ahora prepararnos para el siguiente paso inevitable de lo que el Presidente Bush ha llamado "la guerra contra el terrorismo". Bush dice que será una lucha larga, que "sacaremos al mal de raíz" y "obligaremos a los terroristas a salir de sus guaridas". Aunque se han señalado muchos paralelos entre este ataque y el ataque a Pearl Harbor en 1941, también existen grandes diferencias entre ellos. Después del ataque contra Pearl Harbor, Estados Unidos se movilizó para luchar contra un enemigo obvio, el Eje de Japón, Alemania e Italia. A la larga, Estados Unidos y sus aliados derrotaron a sus enemigos y triunfaron en la guerra. En este ataque moderno, el enemigo no está visible. Nadie ha asumido responsabilidad por el ataque, y no existen grandes ejércitos contra los cuales luchar. No existe una infraestructura definida que bombardear.

El enemigo es difuso y se mezcla con poblaciones civiles en muchos países distintos.

En esta nueva guerra, Estados Unidos se enfrenta a terroristas bien entrenados y sofisticados que operan mediante pequeñas células ultrasecretas. No luchan abiertamente con proyectiles y tanques, sino encubiertos, con bombas y tácticas de guerrilla. Este es un tipo de guerra más peligrosa en muchos aspectos, y es similar al conflicto en Vietnam. Es difícil saber cuando se logrará la victoria. Además, Estados Unidos corre el riesgo de incrementar la guerra si provoca el odio de los musulmanes mediante sus acciones. Aunque debe actuar con cautela y eliminar riesgos a la seguridad nacional, también debe desempeñar un papel diplomático que garantice la seguridad del país en el futuro. Si Estados Unidos actúa salvajemente, es seguro que despertará la ira de nuevas generaciones de fanáticos, que estarán dispuestos a destruir a los Estados Unidos. Es probable que el costo de mantener y entrenar a los secuestradores no fuera mucho, crear el terrorismo es barato y se logra con facilidad. Por otra parte, eliminar la amenaza global del terrorismo será difícil y costoso.

¿Qué le depara el futuro al Presidente Bush?

Para comprender la situación actual y la dirección que lleva esta nueva guerra, es útil examinar las cartas de los líderes actuales. Una de las cartas más importantes que debemos analizar es la del Presidente George W. Bush. Comenté algunos aspectos de la carta del nacimiento de Bush en la sección "Ataque contra Estados Unidos". Aquí analizaré la forma en que los tránsitos astrológicos actuales están interactuando con esta carta de nacimiento y en qué forma la están afectando.

Durante este intenso periodo, Bush ha tenido varios tránsitos que es importante analizar. Un tránsito es una alineación planetaria actual que puede reflejar una fuerte transformación en las actividades de la vida diaria. El planeta Neptuno[1] está produciendo un aspecto fuerte en la carta de nacimiento de Bush. En astrología, Neptuno se relaciona con la espiritualidad y el misticismo, al igual que con la confusión y el engaño. A nivel material, Neptuno se relaciona con el petróleo y con las armas de gas neurotóxico. Los tránsitos de Neptuno pueden crear clima con neblina; también pueden hacer que las situaciones o la forma de pensar se vuelvan nebulosas o poco claras.

En el caso de Bush, el tránsito de Neptuno le afectó por primera vez en febrero de 2001,[2] cuando se presentaron grandes interrogantes respecto a su

1. Neptuno está en conjunción con la Descendente de Bush. Esta conjunción es exacta el 21 de diciembre de 2001.

2. Neptuno cruzó el grado Descendente por primera vez el 17 de febrero de 2001. En astrología, la Descendente se relaciona con nuestros amigos al igual que con nuestros enemigos.

presidencia y respecto al hecho de que fuera competente para dirigir a una nación dividida. Lo cierto es que muchas personas se oponían a Bush y querían incrementar las dudas respecto a su derecho de asumir su cargo.

A medida que el tránsito de Neptuno continuó intensificándose,[3] el ataque del 11 de septiembre unió al Congreso y a la nación alrededor de Bush, y las interrogantes sobre la legitimidad de su presidencia desaparecieron. Bush se ha puesto a la ofensiva y ha dicho que su país es "fuerte" y está listo para una guerra contra el terrorismo. Sin embargo, esta guerra está llena de escollos ocultos y aspectos confusos. La amenaza terrorista es difusa y difícil de localizar. El elegir a quién atacar será muy difícil. La guerra podría extenderse a otros países árabes, y no se ve con claridad cómo se desarrollará.[4]

Es posible que en la primavera de 2002 surja una serie de temas confusos y nebulosos respecto a la guerra contra el terrorismo. Tal vez Bush tenga dificultades para comunicar su estrategia y llegar a decisiones claras con su gabinete. También podría

3. A causa de un aparente movimiento de retroceso en los planetas, en relación con la Tierra, es posible que los planetas ocupen la misma posición en más de una ocasión durante un corto periodo. La primera vez que Neptuno se puso en contacto con la Descendente de Bush fue el 17 de febrero de 2001, luego el 10 de agosto de 2001, y la tercera ocasión el 12 de diciembre de 2001.

4. Neptuno simboliza todo esto al cruzar cerca de la Descendente de Bush y oponerse a su Ascendente.

tener dificultades en su proceso mental respecto a la guerra, y le podría ser difícil transmitir información al público norteamericano.

Además, ciertos factores que están fuera de su control como el suministro de petróleo, Saddam Hussein u otras acciones terroristas, como la guerra química o biológica, podrían hacer que el conflicto se hiciera más profundo en ese periodo.[5]

Además del tránsito de Neptuno, Bush también está experimentando otros alineamientos planetarios.[6] El planeta Marte está siendo contactado en la carta de Bush y se le seguirá afectando durante los cuatro años de su periodo como presidente. Marte se relaciona con la capacidad de la persona para luchar, y en el caso de Bush, de pelear una guerra. Al estar Marte tan fuertemente afectado, es probable que su presidencia esté dominada por el tema de la guerra.

Marzo de 2002 también podría ser un periodo de reveses para Bush, y posiblemente para las fuerzas norteamericanas en el extranjero. Bush debe ser cauteloso respecto a su manera de abordar el conflicto y debe cuidarse de no incrementar sus planes de batalla en ese periodo.[7]

5. Neptuno se opone a Mercurio el 8 de marzo de 2002, y luego a Plutón el 5 de abril de 2002.

6. Marte secundario en progreso se está cuadrando con su Sol natal.

7. Además de las progresiones y del tránsito de Neptuno, Saturno en tránsito se cuadrará con su Marte natal.

Dick Cheney[8]

La carta de George Bush muestra gran actividad astrológica en este periodo, y el vicepresidente, Dick Cheney, tiene una cantidad similar de contactos difíciles. Neptuno en tránsito tendrá conjunción con su Sol (que se relaciona con el brillo general de la persona, su vigor y su vitalidad, al igual que con su corazón[9]). En este periodo, la salud esencial y el bienestar general de Cheney podrían ser amenazados. Es posible que tenga más problemas con su corazón, que es algo que le ha estado preocupando continuamente. También pasará a través de un periodo de confusión e incertidumbre, durante el que se disiparán las formas antiguas de hacer las cosas. Esto podría significar que su papel en el conflicto será cada vez menos claro y tal vez tenga un efecto de falta de estabilidad en el proceso de toma de decisiones. Como alguien que por mucho tiempo ha estado activo en el campo del petróleo, su interés en las regiones petroleras del Medio Oriente podrían influir demasiado en su proceso de toma de decisiones. Una posibilidad es que apoye el incremento del conflicto con el fin de proteger los intereses económicos y petroleros de Estados Unidos.

No sólo existe una creciente influencia de Neptuno en la carta de Cheney durante la próxima

8. La información sobre su carta astrológica se compiló del AstroDataBank de Lois Rodden en www.astrodatabank.com/NM/CheneyDickDB.htm.

9. Neptuno estuvo a un grado de una conjunción exacta el 7 de marzo de 2001, y será exacta el 18 de abril de 2002.

primavera, sino que Plutón entrará en contacto con Marte.[10] Plutón, como se dijo antes, se relaciona con transformaciones poderosas e intensas. Se ha especulado que la Casa Blanca era un blanco para los terroristas, lo que convierte a Cheney en un blanco de asesinato. Él estaba en la Casa Blanca durante los ataques, y se le llevó de inmediato a un bunker seguro debajo del edificio. Debido a los tránsitos que están ocurriendo, Cheney debería estar alerta a una amenaza contra su vida, ya sea por parte de los terroristas o como resultado de su salud general. Esta amenaza continúa hasta octubre de 2003.

Osama Bin Laden

Como una figura clave en este guerra, Osama Bin Laden desempeñará un papel esencial en el futuro conflicto. Ya ha llamado a las armas a los musulmanes de todo el mundo para que participen en la guerra santa contra Estados Unidos.[11] No tenemos la fecha exacta del nacimiento de Bin Laden, lo que hace imposible llegar a conclusiones específicas respecto a los tránsitos en su carta de nacimiento. Sin embargo, es muy probable que esta época sea tan confusa para él como lo es para todos nosotros. Debe

10. Plutón en tránsito tendrá conjunción con su Marte natal en marzo de 2002. El aspecto exacto no se ha completado a causa de las regresiones de Plutón.

11. Bernard Lewis, "Muslim Militants Reveal Different View of the World" [Los militantes musulmanes revelan una visión distinta del mundo] *Oregonian: Foreign Affairs*, 16 de septiembre de 2001, A14. Bin Laden presenta su propuesta para una guerra santa en una serie de pronunciamientos.

comer, respirar y dormir dirigiendo todos sus pensamientos hacia la posible captura o eliminación de las fuerzas norteamericanas. Es posible que Bin Laden esté cegado por su arrogancia dogmática y tirana, y tal vez se considere invencible.

Quizás su reputación entre los musulmanes crezca si él muere, ya que entonces, quienes están dispuestos a seguir luchando con renovado fervor por la causa, lo verían como un mártir. Neptuno se relaciona con el proceso de someterse a la divinidad y con el martirio, conceptos que Bin Laden enfatiza en extremo.

Es interesante notar que tanto el Presidente Bush como el vicepresidente Cheney estén experimentando un fuerte tránsito de Neptuno. Esta convergencia de tránsitos muestra que las energías relacionadas con Neptuno tendrán un papel clave en toda esta guerra.

En esencia, los objetivos de la guerra son imprecisos (eliminar el terrorismo), su proceso es difícil (Afganistán ha sido un cenagal para los ejércitos británico y soviético), y a final de cuentas se concentra en asuntos relacionados con el petróleo y la economía de los combustibles.

Saddam Hussein

Aunque parte de la batalla podría ganarse con la muerte de Bin Laden, es probable que haya nueva información o acción que involucre a Saddam

Hussein[12] en la guerra contra el terrorismo. Hussein ha tenido un papel importante en la política del Medio Oriente desde antes de la Guerra del Golfo en 1991. Como George Bush padre decidió no continuar con el ataque a Irak hasta capturar Bagdad y encarcelar o eliminar a Hussein, éste ha actuado como un triunfador parcial sobre Estados Unidos, esperando el momento para causar sufrimientos a este país una vez más. Después de la guerra, el gobierno de Estados Unidos impuso un embargo a Irak que causó la muerte de miles de civiles debido a suministros inadecuados de alimentos y agua. La mayoría de los musulmanes fundamentalistas, entre ellos Bin Laden, se sintieron indignados no sólo por el ataque destructivo contra Irak durante la guerra, sino además por este embargo, y sienten que lo indicado es una respuesta a nivel militar.

Hussein ha estado entrenando y apoyando económicamente a organizaciones terroristas cuyo propósito es destruir a Estados Unidos. Ha acumulado armas químicas, como el gas neurotóxico y posiblemente el ántrax. Para comprender el papel de Hussein en este conflicto, es importante analizar su carta. Esta carta muestra que Hussein es un hombre volátil e intenso que puede ser errático y tempestuoso en su proceder.[13]

12. La información de esta carta se tomó del AstroDataBank de Lois Rodden en www.astrodatabank.con/NMHusseinSaddam.htm.

13. El Sol en conjunción con Urano y una conjunción de la Luna y Marte en Sagitario.

Al igual que George Bush y Dick Cheney, Hussein tiene puntos importantes en su carta que serán afectados por el tránsito actual de Neptuno. Este tránsito estará en su punto de máxima fuerza entre enero y abril de 2002.[14]

Al parecer, numerosos factores señalan los próximos meses como un periodo clave para un cambio en la naturaleza de la guerra. Supongo que si Bin Laden muere durante este conflicto, surgirá un conflicto aún mayor en el que se involucraría Irak. Es probable que el Presidente Bush considere necesario entrar a Irak a derrocar a Hussein. Esto puede presentarse como un golpe para impedir violencia en el futuro, a causa de la agresión iraquí, debido a suposiciones de que Irak estuvo involucrado en el ataque del 11 de septiembre. Como Neptuno se relaciona con el petróleo y las armas químicas y biológicas, el tránsito de Neptuno presenta la posibilidad de que el petróleo o las armas químicas pudieran involucrarse en esta situación. Hussein ya ha bombardeado campos petroleros y podría apoyar ataques biológicos o de gas neurotóxico.

De nuevo, la situación será poco clara y confusa. Es difícil ubicar con exactitud los puntos donde este conflicto inicia y se detiene. ¿Debe Estados Unidos simplemente eliminar a Hussein o debe trabajar para crear un nuevo gobierno en Irak? ¿Debe apostar tropas en Irak o dar un golpe certero para

14. Neptuno está formando una cuadratura con su conjunción del Sol y Urano.

eliminar a Hussein? Muchas de estas preguntas son difíciles de contestar. Aunque esta serie de tránsitos muestran la posibilidad de numerosas manifestaciones dañinas, hay que recordar que existe un aforismo astrológico que dice: "Neptuno promete mucho pero entrega poco".

Es posible que los sucesos sean menos amenazadores y que se desarrollen sucesos menos dramáticos. Sin embargo, es importante estar preparados para cualquier contingencia.

Israel

No hay duda de que Israel desempeña un papel crítico en este conflicto. Israel en sí ha sido testigo de un tránsito de Neptuno.[15] Necesita actuar con cautela en este conflicto que es cada vez más profundo y optar por formas para reducir el conflicto y la enemistad. Si decide reunirse con organizaciones como la OLP y su líder Yasser Arafat para hablar de opciones para transigir, podría llegar muy lejos en cuanto a liberar tensiones. Crear un plan de paz que resista los efectos de los casos aislados de bombas terroristas, es una acción clave para el éxito futuro de Israel. También es clave para ayudar a reducir el conflicto a mayor escala en que está involucrado Estados Unidos.

15. Es interesante que la Luna de Israel (la fuente de su fuerza emocional) se localice sólo a tres grados del Sol de Bin Laden y de la Ascendente de George Bush a 7 grados Leo.

Urano estará activo en la carta de Israel de enero a mayo de 2002.[16] En este caso, la nación de Israel está a punto de sufrir un cambio grave y repentino, que podría precipitar otros sucesos en abril o en mayo.

Conclusión

Al entrar a este periodo de inestabilidad y confusión, es importante recordar que los planetas no nos gobiernan. Tenemos el libre albedrío para decidir trabajar en estos periodos. Aunque es posible que los sucesos como el terrorismo ocurran fuera de nuestro control, podemos decidir cómo queremos responder para asegurar la seguridad de los ciudadanos y proteger al mundo de un aumento de violencia en el futuro. A medida que el gobierno de Estados Unidos toma decisiones que afectan el futuro de su pueblo, los norteamericanos deben estimularlo para que actúe con sabiduría y prudencia. En épocas de confusión, es esencial no incrementar esa confusión. En épocas impredecibles, es esencial no incrementar la volatilidad.

Una de las cosas que puede hacer el gobierno y el pueblo de Estados Unidos es comprender más a fondo y con más claridad la historia y los antecedentes de todas las naciones del Medio Oriente que están involucradas en este conflicto. Así pueden

16. Urano estará en cuadratura con el Sol exactamente el 24 de enero de 2002. Luego se opondrá al Marte natal el 28 de abril de 2002.

tener más información y conocimiento respecto a la forma en que la política exterior de Estados Unidos ha impactado a esos países y pueden tratar de crear un diálogo con los líderes musulmanes para fomentar la tolerancia religiosa y tender un puente sobre la ignorancia. Al llegar a ellos mediante el diálogo, pueden ayudar a acabar con algunos de los sentimientos de animosidad que son obvios en las países árabes. Haciendo preguntas y tratando de comprender, pueden llegar a impedir futuras acciones de violencia.

La relación de Saturno y Plutón que hay actualmente en el firmamento tiene mucho que ver con la transformación del alma de Norteamérica. ¿Decidirá ese país dirigirse a un aislamiento mayor, a fomentar el temor y aumentar la violencia, o preferirá ver las causas primarias del sufrimiento y su papel en ese sufrimiento? ¿Decidirá imponer la justicia sólo a quienes perpetraron estos actos terroristas, o dejarán que su ira lastime la vida de millones de civiles inocentes? Estas preguntas deberán responderse al paso del tiempo. Pero es claro que Estados Unidos tendrá que tomar decisiones de gran magnitud a lo largo de este proceso. Esperamos que sean decisiones sabias que lleven a mayor paz y comprensión en lugar de fomentar el odio y la violencia.

Liderazgo en una época de terror

KRIS BRANDT RISKE

La mayoría de las personas están de acuerdo en que Estados Unidos es la nación más poderosa del mundo y una nación líder en la política y la economía globales. Aunque es una nación joven, Norteamérica ha sostenido esta envidiable posición en el mundo debido a que su democracia de alto nivel ha apoyado las causas de la libertad nacional, los derechos individuales y la prosperidad económica.

Los norteamericanos esperan que los líderes de este gran país sean fuertes en tiempos de crisis, y les exigen un estándar de liderazgo de muy alto nivel. Ya sea que voten o no, los ciudadanos esperan que los funcionarios que han sido elegidos y nombrados respondan con categoría a esta situación. Algunos de estos líderes han respondido con creces a estos retos, naturalmente otros no han sido capaces de hacerlo. Se recuerda a presidentes, funcionarios del gobierno y oficiales militares tanto por sus actos heroicos como por sus fracasos. Ante todo se les recuerda por sus acciones en tiempos de crisis: guerras, crisis económicas y desastres en el territorio nacional. No obstante, nadie se ha enfrentado a una crisis de la magnitud de lo que ocurrió en Estados Unidos el 11 de septiembre de 2001. Ese día, los líderes de Norteamérica tuvieron que estar a la defensiva en una guerra contra un enemigo desconocido: el terrorismo.

Los líderes más importantes del país, el Presidente George W. Bush, el Vicepresidente Dick Cheney, el Secretario de Estado Colin Powell, y el Secretario de la Defensa, Donald Rumsfeld, se convirtieron en cuatro de los hombres más importantes de la Tierra. Son los autores de los primeros capítulos del futuro del mundo. Muchos dicen que el estilo de vida americano, esa actitud aventurera y amante de la libertad que ha recibido a inmigrantes de todas las naciones, ha cambiado para siempre. Todavía hay que comprobar si esto es cierto. Pero sin importar lo que surja, estos líderes que fueron elegidos para librar la guerra de Norteamérica contra el terrorismo, son los predecesores de los inmigrantes y norteamericanos del futuro.

¿Qué es el liderazgo?

¿Es posible ver si alguien es un líder en un currículum vitae? ¿Podemos captar el liderazgo en los discursos de campaña? ¿Tiene la gente un sentido agudo para saber quién es un líder y quién no? ¿Es el carisma de un candidato lo que hace que gane una elección? ¿Existe alguna razón de que unos cuantos individuos se eleven a las posiciones más poderosas del mundo? ¿Qué cualidades separan a los líderes de los seguidores? ¿Se nace siendo líder o un líder es el producto de sus tiempos? ¿Es el liderazgo algo real o algo fabricado? Finalmente, ¿puede la astrología, la ciencia del comportamiento o la observación del público responder estas preguntas sobre el liderazgo?

Por lo común la gente está de acuerdo en que el liderazgo implica visión, autoridad, comunicación y confianza. El liderazgo se reconoce en la acción, y uno reconoce a un líder cuando lo ve. Warren Bennis, que ha sido consejero de cuatro presidentes de Estados Unidos, gurú de liderazgo y autor, dice: "La esencia del liderazgo es un carácter tranquilo. La esencia del carácter es la integridad, la pasión, la curiosidad, la osadía y una visión que guía, sin lo cual un líder no sabe lo que quiere hacer ni dónde quiere ir". También define a los líderes como personas "que deben expresarse bien, ser vigorosas y tener autoridad. Deben estar dispuestas a inspirar una actitud de colaboración que les permita abrir en su gente una fuente inagotable de ideas, innovaciones, pericia y conocimientos".[1]

1. Jim Murria, "Thoughts on Leadership from Warren Bennis" [Pensamientos sobre el liderazgo de Warren Bennis], agosto 1997, disponible en www.leader-values.com.

Aunque el consenso entre los profesionales del campo es que los líderes se forman, no nacen, también aceptan que los grandes líderes son muy poco comunes. Algunas personas ciertamente tienen maña o talento para el liderazgo. Sus capacidades naturales se prestan más a las lecciones de eliminación de errores y de la experimentación.

Pero consideremos esta pregunta: ¿Puede la astrología proporcionar claves y comprensión interna respecto a los líderes en sí? Sí. El lenguaje simbólico de la astrología hace posible cuantificar las características del liderazgo a través de los planetas, los signos y la ubicación de las casas. Por ejemplo, los planetas Saturno, Neptuno y Urano podrían definir la visión pragmática; la comunicación a través del planeta Mercurio y el signo zodiacal de Géminis; la confianza, incluyendo el nivel de responsabilidad, se atribuirían a Júpiter y a Saturno; y la destreza en las relaciones a Venus y a la Séptima Casa del horóscopo. Las habilidades del liderazgo en general se atribuyen a los signos de fuego (Aries, Leo, Satigario), al Sol y a Marte. Plutón, que se relaciona con el poder, con frecuencia es prominente en el horóscopo de las personas que tienen posiciones de liderazgo.

La astróloga Margaret Hone citaba los factores que fortalecen la influencia de ciertos planetas. "La fuerza de Angularidad se expresa mejor diciendo que los planetas sin duda son fuertes cuando están cerca de uno de los ángulos, en especial el Ascendente de Medio Cielo..."[2] Los astrólogos esperarían que los líderes tuvieran un Sol, una Luna, Marte o Plutón fuertes, por ejemplo, en conjunción con la Ascendente o el Medio Cielo.[3]

La extensa investigación realizada por Michel Gauquelin también reveló factores que son prominentes en los horóscopos de ejecutivos, líderes militares y políticos, entre otros. Se ha encontrado que los políticos tienen a la Luna y a Júpiter en posiciones prominentes cerca de un ángulo en sus cartas; los ejecutivos y el personal militar con mucha frecuencia tienen a Marte y a Júpiter cerca de un ángulo.[4]

En general, sin embargo, y hablando a quienes tienen conceptos erróneos sobre la astrología y sobre la manera en que puede influir en los líderes mundiales después del 11 de septiembre, la influencia planetaria no es una influencia precisa. La astrología ilumina el potencial, las tendencias, los talentos, las características, los conflictos y muchas otras posibilidades y elecciones, de acuerdo a la carta de nacimiento de la persona. Pero eso sólo es la mitad de la historia. Las situaciones ambientales,

2. Margaret Hone, *The Modern Text-Book of Astrology [El libro de texto moderno de astrología]* (Fowler, 1995), 91.

3. Ver Robert Hand, "Cómo ubicar los sucesos en el mapa del mundo", en este libro para una explicación más detallada sobre la importancia de que los planetas estén cerca de los Ángulos de una carta.

4. Michel Gauquelin, *Planetary Heredity [Herencia planetaria]*. Reimpreso en Estados Unidos por ACS Publications, 1988, 12.

circunstanciales y de otro tipo que no se relacionan con la astrología, combinadas con las condiciones astrológicas, determinan las acciones y sus resultados. Un ejemplo hipotético sería un joven con talento artístico para la pintura. Las influencias ambientales y planetarias *podrían* guiarlo en direcciones opuestas. Podría llegar a ser un artista respetado cuyas obras se exponen en las mejores galerías, o podría llegar a ser un preso en la cárcel local por pintar graffiti de pandillas en un edificio público.

El liderazgo tiene que ver con las elecciones que hagan las personas que actúan y reaccionan de acuerdo a una combinación de influencias astrológicas y no astrológicas que varían ampliamente.

El liderazgo responde a las necesidades del público

Inmediatamente después de los sucesos del 11 de septiembre, los norteamericanos recurrieron a los líderes gubernamentales para recibir información verdadera. Querían una visión del futuro tan clara como fuera posible, basada en las metas, objetivos estrategias y acciones de la respuesta de sus líderes a los ataques terroristas. Querían que sus líderes fueran sensibles a sus necesidades personales y a su profundo sentimiento de pesar. Querían confiar en que sus líderes fueran responsables y confiables. Cuando ellos respondieron a estas expectativas, los norteamericanos vieron la gran estatura de sus líderes y creyeron que las acciones que se estaban realizando tomaban en cuenta los mejores intereses del país y de la gente, y se calmaron los temores del público.

El Presidente George Bush respondió de inmediato a la necesidad de todos los norteamericanos de saber que tenían un líder, hablando brevemente con los reporteros una hora después de que el primer avión se estrellara contra el World Trade Center y explotara. "Este es un momento difícil para América", dijo el presidente. Ordenó una masiva investigación y prometió "encontrar a las personas que cometieron este acto".

Estando a bordo del Air Force One en ruta a la Base Offutt de la Fuerza Aérea, en Omaha, Nebraska, Bush y sus asistentes decidieron que no querían esperar a llegar a la base para hacer otra declaración pública. Sensibles a la necesidad que el pueblo tenía de seguridad, el presidente ordenó que el avión se detuviera en la Base Aérea de Barksdale en Louisiana, donde habló brevemente. Más tarde ese mismo día, habló desde un bunker cerca de Omaha.

Como resultado de estas acciones y las que le siguieron, Bush recibió una aprobación del público que llegó a un 92 por ciento, la cifra más alta que ha recibido un presidente. Ejemplificó el verdadero liderazgo dando prioridad a las necesidades del público norteamericano, y fue claro que respondió a la ocasión, de acuerdo a la promesa que se ve en su horóscopo, que en varios aspectos es muy extraña para un presidente.[5] Su indomable fuerza interior y su amor por su país salieron a la luz el 11 de septiembre de 2001. El país respondió confiando en que su presidente se encargaría de esa calamidad. Se confía en los grandes líderes, dice el autor Warren Bennis, porque se ve que son sinceros. "No existe tal cosa como la confianza instantánea", dice Bennis. "La confianza debe de ganarse. Un líder no puede ser falso porque la gente detecta la falsedad fácilmente. Una de las maneras de generar y sostener la confianza es mostrando interés por el destino de otros, estando de su lado".

El Presidente George W. Bush

Es hijo de un presidente anterior, George H. W. Bush, y creció en Texas; terminó una licenciatura en Yale y una maestría en administración de empresas en Harvard. Sirvió a la milicia como piloto de la Guardia Nacional Aérea de Texas antes de empezar una carrera en el negocio del petróleo y el gas. Fue propietario parcial del equipo de béisbol Texas Rangers, y Texas lo eligió como gobernador. En la elección más disputada y difícil de la historia de Estados

5. Bush tiene un Sol en la Duodécima Casa, que por lo general es una indicación de alguien que prefiere no ser objeto de la atención general. Además no tiene planetas en la Décima Casa, que representa la reputación y prominencia ante el público. Su Ascendente Leo que sale y ayuda a sobreponerse al Sol Cáncer en la Duodécima Casa, y la trina de Venus en Medio Cielo apoya su personalidad pública y su popularidad. El Sol y Saturno de la Duodécima Casa indican fuerza interior y confiabilidad.

Unidos, George W. Bush fue electo presidente e inició su gestión el 20 de enero de 2001.

En ocasiones ha mostrado timidez y tensión, y sin embargo, el Presidente Bush tiene una naturaleza general que es entusiasta, vigorosa y confiada que se inclina a la cautela y a lo conservador. Sus altos y firmes principios y su intenso sentido de deportivismo contribuyen a sus capacidades como diplomático y pacifista. A Bush le desagrada la discordia, pero en una crisis, su fuerza interior y su amor por su país dominan las situaciones y las decisiones resultantes. Es un defensor fiel de Norteamérica, es leal y sentimental, eficiente y detallista, fuerte y al mismo tiempo sensible, compasivo y solícito.

Tiene buenos instintos respecto a su relación con el público, con el Congreso y con los miembros de su administración. Entiende el valor del trabajo en equipo y tiene talento para nombrar y asignar a las personas adecuadas para los puestos adecuados. Las responsabilidades son muy importantes para él, en parte por su fuerte sentido de la ética, pero responde a las situaciones sin importar el peso de la empresa.

Su mayor ventaja es su mente. Es creativo y piensa en forma excepcionalmente equilibrada; es idealista, pero al mismo tiempo práctico e intuitivo. Esta combinación produce opiniones fuertes. Es intenso y perspicaz, puede lograr una comprensión interna de cualquier situación y su planeación estratégica es excelente, en particular cuando se trata de grandes operaciones clandestinas. Es muy reservado, casi secreto; revela sólo lo que desea revelar. Es inteligente y en general está satisfecho con sus decisiones; utiliza un enfoque analítico y de sentido común hacia los problemas.[6] Como orador, Bush va directamente al grano y comunica mejor cuando utiliza un discurso preparado que cuando improvisa. En ocasiones no es capaz de decir lo que intenta, pero eso no ocurrió cuando se dirigió a la sesión conjunta del Congreso en un discurso televisado a nivel nacional el 20 de septiembre de 2001. Expuso brevemente la misión del país y sus aliados.

"Nuestra nación, esta generación, eliminará la oscura amenaza de la violencia que pesa sobre nuestra gente y nuestro futuro", dijo el presidente. "Congregaremos al mundo en este esfuerzo con nuestro esfuerzo y nuestra valentía. No desistiremos, no titubearemos, y no fracasaremos".

En esas palabras, Bush demostró liderazgo a través de su visión,[7] comunicación, confianza y autoridad. Transmitió el mensaje de que la guerra de

6. Mercurio en conjunción con Plutón en conjunción con la Ascendente Leo, un aspecto que señala un poder, impulso y determinación inflexibles y una mente extremadamente aguda. Un Neptuno en la Tercera Casa añade visión y optimismo, al igual que la conjunción de la Luna y Júpiter en esa misma casa, trígono Urano. Por sí mismo, Plutón en conjunción con la Ascendente es un aspecto que indica fuerza y control en situaciones críticas.

7. Según una encuesta de CNN y *USA Today*, que se llevó a cabo del 20 al 22 de abril de 2001, 74 por ciento de los norteamericanos dijeron que Bush tiene visión para su presidencia.

Estados Unidos contra el terrorismo no sólo es de esta nación; es una guerra que incluye a Estados Unidos hablando con el mundo, diciendo que ese mundo no puede permitir que le pase lo que le pasó a Estados Unidos.

Warren Bennis dice que el liderazgo es "la capacidad para crear una visión convincente, transformarla en acción y continuarla. Los líderes de éxito tienen una visión en que otras personas creen y la tratan como propia".

El Vicepresidente Richard Cheney

El Vicepresidente Dick Cheney, como político conservador avezado y fiel partidario de una defensa nacional más fuerte, ha estado ligado a la familia Bush por mucho tiempo. Sirvió como secretario de la defensa durante el mandato del anterior Presidente Bush durante la Guerra del Golfo. También representó a Wyoming en la Casa de Representantes de los Estados Unidos y fue jefe del estado mayor durante el periodo presidencial del Presidente Gerald R. Ford.

Es eminentemente capaz y un maestro organizador, el periódico *New York Times* reportó que "se reconoce que a su ingreso, la administración [de Ford] estaba en completo desorden y él la puso bajo control. El fuerte impulso de Cheney y su ética de trabajo fueron influencias de importancia que dieron forma a la Casa Blanca de Ford. Él exige excelencia tanto de sí mismo como de otros, y le agrada establecer sus propias reglas y parámetros".[8]

Cheney es un estudio de contrastes. Su incansable determinación se oculta tras una personalidad vivaz, encantadora y magnética. Atrae multitudes y siente lo que la gente quiere; esto brota de poderes psíquicos e intuitivos altamente desarrollados, pero al mismo tiempo puede ser crítico y frío en la misma medida en que es carismático, cálido y extrovertido. Le es fácil adaptarse a las circunstancias, lo que es una ventaja para cualquier político. Es en gran medida una "persona de la gente" que es capaz de caminar kilómetros con tal de ayudar a alguien.[9]

Cheney sabe trabajar en equipo y sin embargo es independiente, y al igual que el Presidente Bush, puede dejarse llevar por su actitud demasiado optimista. También como el presidente para quien trabaja, Cheney no elude tareas de gran magnitud. Se orienta al futuro y está a tono con el resultado

8. La Ascendente de Dick Cheney es Virgo, el signo del detallista adicto al trabajo que es excelente en administración, organización, manejo de detalles y análisis. Sus dos planetas de la Sexta Casa (el Sol y Mercurio) refuerzan el énfasis de Virgo. También tiene una cuadratura T del Sol, Plutón, Júpiter y Saturno, lo que le da independencia, impulso para el poder y el control, y a menudo indica a una persona que fácilmente intimida y que es exigente. Un aspecto de "hacerse cargo" que es sumamente valioso en tiempos de crisis.

9. El gran trígono de Venus, Mercurio y Neptuno que tiene Cheney es en extremo carismático, y su compasiva Luna en Piscis en la Séptima Casa de las relaciones, conforman su manera de ser tranquila e intuitiva ante la gente. Una cuadratura de la Luna, Neptuno y Marte le es de gran ayuda para transformar su visión en acción. Estas configuraciones y su oposición del Sol y Plutón indican comprensión interna y capacidad psíquica.

final de las cosas, además capta el concepto de una visión. Cheney es pragmático y posee un valiosísimo sentido común para transformar la visión en metas, objetivos, estrategias y tácticas.[10]

Cheney puede mostrar una determinación obstinada que va unida a sus ideas, ideales y creencias. También es innovador e imaginativo; es un individuo que presenta ideas no conformistas que son la solución faltante en dilemas que en otros aspectos son desconcertantes. Reconoce las oportunidades, las aprovecha y las capitaliza, con un sentido aventurero y una valiente actitud de "lograr lo que se propone".[11]

Es irónico que en junio de 2001, Bush le asignara a Cheney la tarea de desarrollar una fuerza de trabajo para estudiar la amenaza del terrorismo doméstico, lo que incluía analizar si la Agencia Federal para el Manejo de Emergencias (FEMA) u otra agencia gubernamental debería coordinar la respuesta a las amenazas. El 11 de septiembre de 2001, el terrorismo en territorio nacional se hizo realidad, y Cheney, Bush, el Secretario de la Defensa Donald Rumsfeld y el Secretario de Estado, Colin Powell, respondieron.

10. El Sol y Mercurio de Cheney, en el signo de Acuario, que se orienta al futuro, muestran sensibilidad hacia los resultados finales, como en el trígono de Júpiter y Urano que vemos en Bush.

11. Cheney tiene seis planetas en signos fijos, lo que incluye Mercurio en Acuario, el signo del innovador. Su Marte en Sagitario indica valor, acción y entusiasmo.

El Secretario de Estado, Colin L. Powell

El comportamiento tranquilo y calmado del Secretario de Estado, Colin Powell inspira la confianza de la gente en él. Es un desprendimiento sutil que exuda confianza. (Lo único que tiene que hacer es entrar a un cuarto). Powell es hábil al plantear estrategias para compartir el poder y la autoridad con quienes le rodean, una filosofía y un talento que ha impresionado y agradado a los empleados del Departamento de Estado.

Muchos de ellos dicen que la moral se ha incrementado dramáticamente bajo las órdenes de Powell. "Desde que tomó el puesto, hay una sensación de que el liderazgo está abierto a los puntos de vista y el buen juicio del personal, y ya no es un grupo cerrado de personas". El mayor impulso a la moral ha sido la personalidad y el estilo de Powell, en especial su compromiso de confiar los puestos que requieren los perfiles de más alto nivel a los expertos que hay entre los miembros ordinarios del departamento, en lugar de simplemente aceptar los documentos anónimos que le entregan los altos funcionarios en audiencias y conferencias.[12]

Este secretario de estado entiende claramente los principios del liderazgo: la necesidad de relaciones y comunicación sólidas. Siete de las trece "Reglas de Powell" (su filosofía personal) son:

12. Ver Barber, "The Colin Powell Difference" [La diferencia de Colin Powell], 19 de mayo de 2001. Disponible en www.salon.com.

"Puede hacerse", "Comparte el crédito", "Permanece en calma", "Sé bondadoso", "Ten visión", "Sé exigente", y "El optimismo perpetuo multiplica la fuerza". No es sorprendente que sea un líder respetado ya que, como dice un experto en liderazgo, la milicia es uno de los mejores programas que existen para educar a la gente en el liderazgo.

Powell destacó en el programa Army Reserve Officer Training Corps (ROTC) [Cuerpo de entrenamiento para reservas de oficiales del ejército] estando en la universidad, y a la larga ascendió al rango de general de cuatro estrellas antes de retirarse de la milicia en 1993. Es veterano de Vietnam y recibió un gran número de medallas y recomendaciones, entre ellas el Corazón Púrpura, la Estrella de Bronce y la Medalla de Oro del Congreso. Prestó servicio como asesor de seguridad nacional bajo el Presidente Ronald Reagan. Como presidente de los Jefes de Personal bajo el padre del Presidente Bush, fue instrumental en el desarrollo de la Tormenta del Desierto durante la Guerra del Golfo.

Se ha criticado a Powell, Bush y Cheney por no terminar esa guerra eliminando o derrocando a Saddam Husssein en Irak. Powell continuó como presidente de los Jefes de Personal bajo el Presidente Bill Clinton. En ocasiones se le ha mencionado como posible candidato a la presidencia.

Colin Powell es osado, orientado a la acción, valiente y dinámico. También es firme, idealista, confiable y conservador, con una gran fuerza interior de voluntad y determinación. Raras veces, si acaso, desiste de lograr un objetivo. Su sistema de creencias se basa en altos principios e integridad, es un credo que separa con claridad el bien del mal.[13]

Powell conserva una actitud objetiva y en consecuencia se le percibe como una persona imparcial. A menudo se le describe como carismático y conoce el valor del trabajo en equipo, la importancia de compartir la carga de trabajo. Su agradable voz apoya sus grandes destrezas de comunicación, que demuestran tacto y persuasión. Es excelente en los debates, su mente es rápida e inteligente, al igual que intensa y capaz de guardar un secreto.[14]

Con sus antecedentes militares y sus destrezas sobresalientes en el trato de las personas, Powell está perfectamente capacitado para la posición de secretario de estado, el puesto responsable de las

13. El fuerte Plutón de Powell está en conjunción con la Ascendente, se opone a Júpiter y es trígono con Saturno. Júpiter también está en sextile con Saturno en recepción mutua (Capricornio y Piscis) y en consecuencia funciona en gran medida como una conjunción. Powell tiene voluntad de acero, "un puño de acero en un guante de terciopelo", el sentido de cuándo impulsar hacia adelante y cuando mantener el status quo. Posiblemente, el trígono de Saturno y Plutón sea el aspecto más dinámico que promete una posición poderosa en la vida. Su Sol y Mercurio en Aries, y su Marte en Sagitario, son ideales para un oficial militar. Actúa sin titubear.

14. Mercurio en Aries en conjunción con Venus en Tauro le da lo mejor de ambos signos, la capacidad para tomar decisiones rápidas y prácticas, y de presentarlas en forma diplomática para generar apoyo. Mercurio en cuadratura con Plutón es sigiloso e intenso; habla con convicción. Una Luna en Acuario en la Séptima Casa de las relaciones es excelente para el trabajo en equipo y la objetividad.

relaciones diplomáticas de Estados Unidos con países extranjeros. Escribió: "La guerra debe ser el último recurso de la política", y ha dicho: "Cuando Estados Unidos va a la guerra, debe hacerlo con un propósito claro, y el resultado debe ser una victoria abrumadora".[15] Su filosofía se refleja con fuerza en las decisiones que tomó en la guerra de Estados Unidos contra el terrorismo.

El Secretario de la Defensa Donald Rumsfeld

El Secretario de la Defensa, Donald Rumsfeld se salió de una reunión sobre proyectiles de defensa cuando se recibió la noticia de los ataques contra el World Trade Center en la ciudad de Nueva York. Según el Congresista Christopher Cox, Rumsfeld dijo: "Permítanme decirles que le he dado varias vueltas a la manzana. Habrá otro ataque". (Y lo repitió para darle énfasis). Y minutos después de haberlo dicho, sus palabras comprobaron ser trágicamente proféticas", dijo Cox. Rumsfeld estaba en su oficina frente al Pentágono en Arlington, Virginia, cuando el vuelo 77 de American Airlines se estrelló contra el edificio.[16]

15. Seven Mufson, "Reluctant Warrior Is Political Veteran" [El guerrero renuente es un veterano en la política] *Washington Post*, 16 de diciembre de 2000.

16. "Pentagon Attack Came Minutes After Rumsfeld Predicted" [El ataque al Pentágono ocurrió minutos después de la predicción de Rumsfeld] Associated Press, disponible en www.foxnews.com, 11 de septiembre de 2001.

Donald Rumsfeld es veterano de la Marina y fue Congresista durante cuatro periodos en la década de los sesentas. Fue Secretario de la Defensa por primera ocasión en la administración de Ford, y antes ya había sido jefe del estado mayor y jefe de Dick Cheney. Al igual que Bush y Cheney, ha sido ejecutivo corporativo.

Como secretario de la defensa, Rumsfeld es el asesor principal del presidente en cuanto a políticas de defensa y supervisa el Departamento de Defensa y sus políticas, una de las cuales es construir un sistema más poderoso de proyectiles de defensa para Estados Unidos.

Es directo, vigoroso, optimista y dado a la aventura. Tiene una actitud de que las cosas se "pueden lograr" y en el fondo es más un pacifista y un diplomático que un guerrero. Su lealtad y amor por su país fueron los factores más importantes para que estuviera de acuerdo en servir por segunda vez como Secretario de la Defensa.[17]

Es un hombre con fuertes destrezas en el trato con las personas y tiene la habilidad de cuidar y apoyar a otros; también posee una mente extraordinaria. Su pensamiento es efusivo y creativo, su mente es rápida, observadora y perceptiva. Destaca en la planeación estratégica, piensa en grande y dice lo

17. Una Ascendente Sagitario añade fuego a los tres planetas que Rumsfeld tiene en Cáncer (amor a la patria) y que son el Sol, Venus y Plutón, en la Séptima Casa de las relaciones. Su Luna está en Libra, el signo del diplomático.

que piensa. Su energía física se pone en actividad para apoyar sus tareas mentales, y después del presidente, ha sido el portavoz principal del equipo de defensa.[18]

Como los otros tres miembros del equipo de defensa norteamericano, Rumsfeld tiene un impulso intenso, una determinación y una voluntad que llevan al éxito y son requisitos para las posiciones de poder. Tiene el compromiso apasionado que exige su posición, y está en su elemento como comandante en situaciones críticas. Sabe trabajar en equipo pero tiene periodos de actividad independiente, durante los que prefiere estar totalmente a cargo de las cosas y estructurar el entorno a su manera.[19]

Rumsfeld resumió la actitud de la administración hacia la guerra contra el terrorismo en una noticia informativa: "Creo que sería correcto clasificar la actitud de la administración como mesurada. Lo es. Estamos decididos a tratar de hacer esto bien, de poner en su lugar las capacidades, las arquitecturas y el proceso que hará posible que procedamos de manera ordenada a lo largo de un largo periodo.

18. Los planetas en Cáncer incrementan sus destrezas en el trato con las personas. Su sextile de Mercurio y Marte indica una mente perspicaz para manejar múltiples tareas.

19. La conjunción que tiene Rumsfeld del Sol y Plutón en la Séptima Casa en Cáncer, le da la capacidad para encargarse de una situación, y seguir siendo sensible a otras personas. Ambos planetas están en cuadratura con Urano, una configuración que en ocasiones puede impedir el trabajo en equipo. Un trígono de Júpiter y Urano favorece los esfuerzos de grupo y es útil y afortunado en ese tipo de actividades.

"Estamos tratando de ayudar al mundo a comprender la naturaleza de esta situación, que también para ellos es nueva. Y tengo la impresión de que, como muchos lo han descrito, no estamos entrando a esto de un salto, sino que lo estamos haciendo con mesura".

Sus palabras reflejan la actitud general cautelosa y conservadora de la administración de Bush, y la atención que debe darse a la estrategia con el fin de maximizar las posibilidades de un resultado favorable. Lo que dice, también indica la visión que se involucra en el proceso, las metas y objetivos claramente definidos, al igual que la gran importancia que se da a la comunicación, y la confianza para darle poder a la gente y recurrir a su ayuda.

"Esta guerra no la librará una gran alianza unida por el único propósito de derrotar a un eje de poderes hostiles", escribió Rumsfeld en un artículo para el *New York Times*. Dijo que los diversos países que están apoyando a Estados Unidos en su guerra contra el terrorismo tendrían diversos papeles en la coalición. "En esta guerra, la misión definirá la coalición; no a la inversa". Y continuó: "El público podría ver algunas acciones militares dramáticas que al parecer no logran la victoria, o tal vez no sea consciente de otras acciones que llevan a victorias de importancia. Pero este es un tipo de guerra diferente", y concluye: "Algo no ha cambiado: Estados Unidos sigue siendo invencible".

El mensaje de Rumsfeld es un mensaje colectivo que sin duda representa la manera de pensar del equipo formado por Bush, Cheney, Powell y Rumsfeld. Cada uno de estos hombres contribuye al proceso, aportando su experiencia, sus conocimientos y su fuerza individual, al igual que sus fragilidades.

Los cuatro comparten características comunes, y las principales son la fuerza, el impulso y la determinación; la capacidad para encargarse de una situación y hacer su mejor esfuerzo para resolverla. Estando ellos presentes, ciertamente se siente su poder, autoridad e influencia, cualidades que algunos miembros del equipo muestran más abiertamente. Todos ellos se inclinan a la acción, son leales, de muy altos principios, y al mismo tiempo pragmáticos.

En cierta forma, estos hombres tienen un "modus operandi" diferente. Todos se adaptan a condiciones cambiantes; son capaces de hacer un cambio de velocidad y adoptar un nuevo enfoque cuando es necesario. Cheney y Powell están orientados a la acción en un sentido más puro. Las acciones de Bush tienen un sabor más práctico y analítico; y Rumsfeld es muy hábil para abarcar todos los aspectos, para mantener su atención en todas las áreas de actividad en forma simultánea.[20]

20. Powell y Cheney tienen a Marte en Sagitario, Bush tiene a Marte en Virgo y Rumsfeld tiene a Marte en Géminis; mientras que el Presidente de Rusia, Vladimir Putin tiene a Marte en Sagitario. Cada uno de estos signos es mutable, lo que indica que un líder necesita ser adaptable, "ir con la corriente" a medida que las condiciones cambian.

Los estilos de comunicación de Powell, Rumsfeld y Bush son más similares, siendo Powell el más directo. Todos tienden a enfocar las cosas en forma intelectual, habiendo dominado el arte de mantenerse a distancia y ser objetivos al establecer fuertes vínculos con la gente, ya sea en persona o a través de los medios noticiosos. Equilibran eficientemente la solicitud y el interés, la compasión y la sensibilidad, sin permitir que sus cualidades y emociones personales influyan demasiado en sus decisiones y acciones.[21]

Bush se adapta muy bien a su papel como comandante en jefe de la guerra de Estados Unidos contra el terrorismo. Su profundidad de pensamiento y su capacidad estratégica hacen que sea el mejor capacitado para crear el plan básico para llevar a cabo esta guerra en el país y en territorio extranjero. Tiene la visión y los conocimientos para hacerlo. Rumsfeld le sigue como estratega, y es capaz de sentir cómo percibirán la guerra los ciudadanos norteamericanos y los pueblos del mundo. Ve la necesidad de conseguir su apoyo con el fin de desarrollar un movimiento a nivel popular; entonces le será fácil tomar el mando y poner en vigor el plan.

Cheney añade innovación, imaginación e intuición, como el gran organizador que es, evalúa el plan

21. Su elemento aire significa objetividad; el elemento agua gobierna la sensibilidad. Estos cuatro hombres tienen un equilibrio de elementos, lo que incluye la tierra y el fuego.

desde una perspectiva logística. También enfatiza la importancia de comunicar el plan al pueblo americano y siente cuál sería la mejor manera de hacerlo. Powell es el líder más cabal de todos y ve la situación en forma global, es el que más destaca y ayuda a los demás a lograr un consenso, equilibrando los conocimientos que tiene de tres frentes: sus antecedentes como oficial militar, como diplomático y su experiencia en la política.

Como presidente y vicepresidente, Bush y Cheney son un buen equipo. Bush prefiere estar tras bambalinas, mientras que Cheney se adapta más a estar frente al público y es abiertamente entusiasta. Bush es el pensador. Cheney toma los pensamientos del presidente y los pone en acción, puliendo todo con su creatividad y filosofía. Powell es la persona más reconocida públicamente de los cuatro, y representa estabilidad y confianza. Rumsfeld combina diplomacia y acción.

Este equipo de guerra norteamericano funciona bien como tal, ante todo porque los puntos fuertes y las zonas que enfatiza cada uno son diferentes. Lo que uno tiene, no lo tienen los otros, y viceversa. Se complementan, y cada uno aporta sus fortalezas individuales al todo colectivo. Y tienen suficientes aspectos en común como para relacionarse bien entre sí.

En este momento de crisis, Estados Unidos tiene la fortuna de contar con líderes tan capaces que se encarguen del futuro del país. La respuesta al terrorismo va a requerir un liderazgo que este país nunca ha conocido; y de influencias astrológicas o de otro tipo que **hagan** que ese liderazgo sea memorable y tenga éxito.

Es posible que otros dos líderes mundiales tengan un papel importante en la guerra de Estados Unidos contra el terrorismo. Son el Primer Ministro Británico, Tony Blair y el Presidente de Rusia, Vladimir Putin.

Tony Blair prometió su apoyo y el de su país a los esfuerzos de Estados Unidos para acabar con el terrorismo a nivel mundial. El hecho de que haya asistido al discurso de Bush ante el Congreso el 20 de septiembre de 2001 es un símbolo de ese compromiso. Como sus cuatro contrapartes norteamericanos, Blair tiene altos principios. "El poder sin principios es estéril, pero los principios sin poder son inútiles", dijo el primer ministro.[22]

Blair es abogado y fue elegido por primera vez al Parlamento Británico en 1983. De inmediato empezó a incitar el cambio en el Partido Laborista. Después de un intento fallido en 1987, tuvo éxito en desbancar a Margaret Thatcher, y llegó a ser primer ministro en una elección aplastante en mayo de 1997.

Es un hombre de increíble acción y energía. Es inteligente e ingenioso, muy competitivo y centrado

22. Disponible en www.abcnews.go.com.

en los logros. También es práctico, conservador y cauteloso. La combinación de sus características le da la capacidad de planear, concentrarse en su objetivo y convertir su visión en realidad.[23]

La determinación es la fuerza fundamental de Blair. Trabaja con una diligencia increíble; es intuitivo; es muy popular entre el público, en parte por su carisma vivaz y refrescante. En ocasiones, aborda directamente una situación, confiando en que la suerte lo sacará adelante. Por lo general eso es lo que ocurre.[24] Le es fácil suponer que "lo que ves es lo que obtienes", pero en él hay mucho más de lo que se ve. Su exuberante personalidad oculta su clara determinación y la planificación exquisita para todo lo que hace. Su automotivación es extraordinaria, establece metas ambiciosas y se impulsa a lograrlas. Tiene el poder y el impulso de un líder mundial.[25]

El Presidente de Rusia, Vladimir Putin, prometió el apoyo de su país en la guerra de Estados Unidos contra el terrorismo, incluyendo tropas.

23. Blair es energía pura, con Marte en conjunción con la Ascendente y Mercurio y Venus en Aries. Su Sol y Júpiter en Tauro representan una actitud práctica, y su genio para tener una visión realista viene de la conjunción de Saturno Con Neptuno. Con Marte en Géminis, es capaz de equilibrar múltiples tareas.

24. Cuatro planetas en la Duodécima Casa indican una fuerte intuición, y su Luna en la Décima Casa significa prominencia pública. El Sol en sextil con Urano y la Luna en sextil con Venus, junto con su Ascendente Géminis, le dan encanto e ingenio. Júpiter, que es protector y afortunado, está en la Duodécima Casa en conjunción con la Ascendente.

25. Saturno en sextil con Plutón indica personas en posiciones de poder, les da fuerza interior y determinación, como lo hacen los cuatro planetas de la Duodécima Casa.

Rusia libró una larga batalla, en que fue derrotada, contra Afganistán en los últimos años del siglo XX. Bush y Putin se reunieron poco antes del ataque terrorista contra Estados Unidos, y ambos declararon ante el mundo, en una conferencia de prensa, que aunque tenían sus diferencias, la reunión les había proporcionado una comprensión mutua, Bush incluso dijo que entendía el "alma" de Putin.

Putin es abogado y fue el sucesor de Boris Yelsin como presidente de Rusia en marzo de 2000. Era casi un desconocido, que había sido agente de la KGB durante quince años antes de dedicarse a la política y ser jefe del Buró de Seguridad Nacional (sucesor de la KGB). Ocupó el puesto de primer ministro durante un año antes de llegar a ser presidente.

Trabaja diligentemente y tiene un increíble impulso y energía. Era casi inevitable que Putin llegara a una posición de poder. Es sagaz y reservado, es inteligente, creativo y tiene la habilidad de utilizar las situaciones para su ventaja. Su mente poderosa e inteligente tiene la comprensión penetrante de un estratega, un planificador y un realizador. Elige sus palabras por el impacto que causan y es osado, valiente y enérgico.[26]

26. Putin tiene una Ascendente en Escorpión y Plutón en conjunción con el Medio Cielo, la ubicación más poderosa de ese planeta, que también es un aspecto positivo con Mercurio, Marte, Saturno, Neptuno y Plutón. Su horóscopo es ideal para un agente de la KGB o un espía y para un líder mundial extremadamente poderoso que es mejor tener como amigo que como enemigo. Al igual que Powell y Cheney, Putin tiene a Marte en Sagitario.

Putin también es carismático, es un hombre de tacto, ingenio, habilidades para relacionarse con la gente, y capacidad persuasiva que deleita a todos. Intuye con facilidad lo que necesitan y desean los individuos y el pueblo, y atrae personas que le traen buena suerte. El aspecto menos serio de Putin es que le gusta divertirse, pero es imposible saber cuáles son sus verdaderas intenciones en un momento dado.[27]

27. Putin tiene el Sol y Mercurio en Libra y una Luna Géminis. Su Júpiter en la Séptima Casa indica suerte a través de otras personas. Tres planetas en la Duodécima Casa muestran intuición, al igual que su Escorpión Ascendente.

¿A dónde vamos a partir de ahora?

ROBERT HAND

Al escribir estas palabras, el 7 de octubre de 2001, ya ha empezado el contra-ataque de Estados Unidos contra el Talibán y Osama Bin Laden. Empezó aproximadamente a las 8:57 p.m. tiempo afgano (ocho horas treinta minutos delante de la Hora del Este en Estados Unidos). A esa hora, el Sol en el zodiaco estaba exactamente en la misma posición que el Mercurio y la Ascendente de la colisión del primer avión contra la Torre Norte del World Trade Center. También es el mismo grado en que está Saturno en la carta de la Declaración de Independencia de los Estados Unidos. No puedo decir que me sorprenda el momento de este contra-ataque pues esperaba que ocurriera en los primeros siete u ocho días de octubre, por las posiciones y relaciones planetarias que se están formando en estos días.

En los días posteriores al ataque, Júpiter empezó a moverse a una posición importante: el grado del Sol en la carta de la Declaración de Independencia (13 grados Cáncer y 19 minutos), que resulta ser también el mismo grado del Sol en la carta de George Bush (13 grados Cáncer y 49 minutos). Estos contactos de Júpiter hacia el Sol son importantes porque indican la extraordinaria transformación que ha ocurrido tanto en el pueblo de Estados Unidos como en la presidencia de George W. Bush. El pueblo se unió, en lugar de temblar de terror; y George Bush, a quien muchos habían considerado un presidente de poco peso, ha empezado a actuar en forma bastante convincente como un líder, lo que ha elevado las cifras a su favor en las encuestas de opinión llegando a los niveles más altos alcanzados por un presidente.[1]

Júpiter contiuará en estas posiciones o cerca de ellas hasta mediados de mayo de 2002. Y durante el otoño de 2001, Júpiter nunca se alejará más de un grado y medio de las posiciones del Sol. Los antiguos astrólogos consideraban a Júpiter "el gran benéfico", como lo opuesto a Saturno "el gran maléfico", y aunque es cierto que Júpiter no siempre es bueno y Saturno no siempre es malo, es muy claro que estas posiciones de Júpiter beneficiaron al presidente y causaron una sensación de bienestar en la gente. Esto es muy deseable, pues este tipo de energía se necesita para contrarrestar el aspecto más difícil de la combinación de Saturno y Plutón.

1. Por supuesto, las encuentas de opinión son un fenómeno de finales del siglo XX. No tenemos este tipo de encuestas para George Washington.

La carta para el inicio del contra-ataque

Casi parece como si alguien hubiera elegido esta carta utilizando la astrología. En Kabul y su cercanía, Saturno acaba de surgir y Plutón se está poniendo. Es la misma oposición de Saturno y Plutón que al parecer fue el cronómetro a largo plazo de esta guerra. La Luna está a punto de entrar al mismo grado en que está Saturno (la Luna a 13 grados 20 minutos de Géminis, Saturno a 14 grados 52 minutos de Géminis). Esto tiene el efecto de volver a energizar la oposición de Saturno y Plutón (dos planetas que se oponen en el zodiaco) y el hecho de que estén surgiendo y poniéndose en Afganistán indica claramente que Kabul es un lugar donde los efectos de la oposición se sentirán con más fuerza.[2]

El grado en que estaba el Sol al inicio del contra-ataque no sólo es una conjunción con Saturno en la carta de Estados Unidos de 1776, y la de la Ascendente y Mercurio en la de la colisión en el World Trade Center, sino que también entra a una combinación muy importante que se llama *cuadratura T*. Una cuadratura T es una combinación en la que dos planetas se oponen uno a otro y hay un tercer planeta a 90 grados, o cercano a ese punto, de los otros dos. Marte está casi en oposición con

2. Saturno está surgiendo y Plutón se está poniendo. Ver Robert Hand, "Cómo ubicar los sucesos en el mapa del mundo", en este libro para información sobre la importancia del surgir y ponerse de los planetas (ubicaciones angulares).

Júpiter y el Sol forma el brazo vertical de la *T*.[3] Es una combinación que indica abundancia de una gran energía que se aplica con fuerza, y por supuesto, Marte es el planeta de la guerra. Yo pensaba que esta cuadratura T determinaría el momento del contra-ataque, y eso es lo que ocurrió.

¿Entonces, a dónde vamos a partir de ahora?

Por la posición de Júpiter en el zodiaco en el presente (que también se conoce como Júpiter *transitando*), podemos esperar un éxito razonable en el futuro cercano, probablemente hasta mayo de 2002. No digo que no habrá más incidentes por parte del enemigo, de hecho, dado el poder de la combinación que está ocurriendo en este momento, algo podría pasar, o al menos algo podría intentar el enemigo muy pronto. Y todavía tenemos la combinación de Saturno y Plutón, que indica restricciones y dificultades. Sin embargo, las energías que indica Júpiter son muy favorables para Estados Unidos y para el Presidente Bush durante varios meses.

Pero a partir de fines de marzo de 2002, el planeta Urano empezará cruzar la posición de la Luna en la carta de la Declaración de Independencia (4 de julio de 1776). Este cruce (*tránsito*) ocurre en varias ocasiones hasta enero de 2003.[4] Durante la primera

3. El Sol está a 14 grados y 28 minutos de Libra, Júpiter a 14 grados y 36 minutos de Cáncer, y Marte a 16 grados y 44 minutos de Capricornio.

4. El primer contacto de Urano con la Luna es el 3 de marzo de 2002. El segundo es el 11 de agosto de 2002 y el tercero el 21 de enero de 2003.

etapa de este tránsito, todavía tendremos a Júpiter en el Sol de la Declaración, pero después de eso el tránsito de Urano operará por sí mismo. ¿Qué significa esto? En la carta de una nación, como mencionamos en el artículo sobre la carta de Estados Unidos,[5] la Ascendente indica a la gente de esa nación. Pero el grado Ascendente no es la única posición que indica esto. También lo indica la Luna. El hecho de que Urano, el planeta de los cambios repentinos e inesperados, cruce la Luna en la carta de la Declaración, indica la posibilidad de que el público de Estados Unidos esté cada vez más inquieto y posiblemente incluso turbulento.

De modo que aunque se nos ha dicho que esta va a ser una guerra muy larga, es obvio que el gobierno debería tratar de progresar lo más posible antes de mayo de 2002. También es obvio que no sería buena idea que el gobierno fuera demasiado rudo al limitar las libertades civiles tratando de asegurar la seguridad nacional en estos tiempos. Por supuesto, lo que debe hacerse debe hacerse, pero al parecer hay personas en la administración de Bush que muestran un entusiasmo excesivo en cuanto a limitar las libertades civiles.

Es interesante que la última ocasión en que ocurrió este tránsito fue en 1918 y 1919, justo después de terminada la Primera Guerra Mundial

5. Ver Jonathan Keyes, "La carta astrológica de Estados Unidos" y Robert Hand, "La carta astrológica de Estados Unidos" en este libro.

cuando, de hecho se limitaron en gran medida las libertades civiles. Casi al final de ese periodo, la gente se sentía muy molesta por la guerra. Me agrada mencionar que existen diferencias entre ese entonces y ahora. En la Primera Guerra Mundial la maquinaria de la propaganda del gobierno era muy estridente y no se esforzaba por informar al público norteamericano. Complacía a todos los prejuicios imaginables y trataba de eliminar todas las referencias a temas alemanes. Al sauerkraut se le llamaba "Col de la Libertad" y a la hamburguesa "Bistec Salisbury". Hasta el momento, en este conflicto el gobierno al parecer ha sido bastante razonable y ha evitado esfuerzos por utilizar una propaganda hostil. Las acciones de los terroristas parecen haber proporcionado toda la motivación que el pueblo necesita. Otra diferencia importante es que en esta ocasión, el ataque fue en territorio norteamericano, una diferencia de magnitud.

El panorama a largo plazo

El tránsito de Plutón sobre la Ascendente de la carta de la Declaración de Independencia casi ha terminado, suponiendo que tenemos la hora correcta en que se firmó.[6] Se supone que representaría un cambio de importancia en el pueblo norteamericano. Y al parecer eso fue lo que ocurrió, nadie puede argumentar que los norteamericanos no se hayan

6. Ver Robert Hand, "La carta astrológica de Estados Unidos", en este libro.

desprendido de gran cantidad de las trivialidades que los asolaban en los meses anteriores a los ataques contra el World Trade Center. ¿Cuántos recuerdan ahora a Gari Condit?

¿Pero aprenderán algo nuevo de la situación actual? Tal vez lo hagan examinando cómo llegaron a ella. Por lo general se reconoce que el apoyo que Estados Unidos da a Israel, que al parecer es incondicional, les ha creado pocas amistades en el mundo islámico. En otras partes del mundo, apoyan regímenes que no son exactamente democráticos ni responden a su pueblo, como Arabia Saudita y Egipto. Estos regímenes no sólo no son democráticos, sino que ni siquiera cuentan con la aprobación de sus propios súbditos.

Aunque ninguno de ellos es tan malo como el Talibán, que parece dedicarse activamente a perseguir y mutilar a su propio pueblo, no tienen mucho apoyo popular, no son eficientes, honestos ni muy eficaces, y sólo han logrado permanecer en el poder. También están las acciones maravillosas que han hecho en el pasado, como apoyar a Saddam Hussain contra Irán en la larga guerra entre Irán e Irak, una guerra sangrienta que alejó aún más a Estados Unidos de los iraníes y ciertamente no les ganó la amistad de Saddam Hussein.

Y también está su entusiasta apoyo a los "luchadores por la libertad" en Afganistán contra la URSS en la década de los ochentas.

Al hacerlo, proporcionaron armas, pero no ganaron la aprobación del grupo que más tarde se convertiría en el Talibán. ¿Qué tiene que ver todo esto con la situación actual, desde el punto de vista astrológico, aparte de las obvias conexiones históricas? Es muy sencillo. Durante las guerras de Irán contra Irak y de Afganistán contra los soviéticos, Saturno y Plutón se estaban poniendo en contacto; un contacto de diferente naturaleza pero no menos importante.[7]

Ciclos de los planetas

El finado astrólogo Dane Rudhyar[8], que ejerció una gran influencia, fue uno de los primeros en desarrollar una idea genuinamente clara de un ciclo astrológico y de su significado. Él consideraba que el ciclo que dos planetas hacen entre sí al moverse en el zodiaco es algo como el ciclo de crecimiento de una planta. Basó su comprensión de estos ciclos en el ciclo del Sol y la Luna, o ciclo de lunación, que ocurre cada mes.

Estamos acostumbrados a pensar basándonos en las fases del Sol y de la Luna, y que empiezan con la Luna Nueva (cuando el Sol y la Luna están en el

7. La última conjunción de Saturno y Plutón ocurrió en noviembre de 1982, cuando estaban ocurriendo tanto la guerra entre Irán e Irak, y la de Afganistán contra la Unión Soviética.

8. Tuvo influencia por muy buenas razones. Fue uno de los pocos intelectuales en la astrología de su tiempo. Además de su trabajo respecto a los ciclos, desarrolló un cuerpo de material en el que se basa la astrología moderna, en particular la astrología psicológica.

mismo grado del zodiaco). Esta es una conjunción. Luego tenemos el primer cuarto de la Luna, cuando la Luna está 90 grados más allá del Sol en el zodiaco, después viene la Luna Llena, que ocurre cuando el Sol y la Luna están en una oposición exacta en el zodiaco.

Al final tenemos el último cuarto de la Luna, cuando la Luna está 270 grados adelante del Sol (o 90 grados detrás, dependiendo del punto de vista) regresando a la siguiente Luna Nueva. Rudhyar vio que podemos examinar todos los ciclos de los planetas en esta forma.

El ciclo inicia cuando el planeta más rápido está en conjunción (en el mismo grado) que el planeta que se mueve con mayor lentitud. Lugo el planeta más rápido avanza 90 grados adelante del planeta lento (una cuadratura), a lo que sigue la oposición, y finalmente la segunda cuadratura.

Así es como él usó la imagen del ciclo del crecimiento de una planta que florece. La conjunción es como la germinación de una semilla. En ese punto algo empieza y nadie sabe cómo se desarrollará. Las acciones que se lleven a cabo en el punto de la conjunción de un ciclo tendrán consecuencias que no serán obvias por un tiempo. Luego, a medida que la planta empieza a crecer, encuentra factores ambientales que ponen a prueba su desarrollo. Están el viento y la lluvia y la falta o la presencia de luz solar. En un ciclo, llega un momento en que se pone a prueba la viabilidad de aquello que comenzó en la conjunción. En este momento pueden hacerse cambios para mejorar el resultado, pues gradualmente se ve con más claridad en lo que se está convirtiendo.

La primera cuadratura simboliza esto en un ciclo. Luego la planta madura y empieza a florecer. La realidad total de lo que empezó en la conjunción es ahora clara y no se puede hacer mucho respecto a ella. En el ciclo, esto corresponde a la oposición. Pero incluso en este punto, uno no ha perdido la capacidad de efectuar un cambio. La oposición señala el inicio de la segunda fase del ciclo. La plante florece y produce semillas, que son el fundamento de las futuras consecuencias de la existencia de la planta. ¿Permitimos que la planta produzca semillas? ¿Nos aseguramos de que las semillas se siembren en lugares donde crecerán adecuadamente? Esta es la función de la segunda mitad del ciclo.

En el momento de la conjunción de 1982 sólo nos preocupaban sus consecuencias a corto plazo. Queríamos que los afganos cansaran a la Unión Soviética. La estrategia funcionó, y la Unión Soviética se hizo pedazos. Pero Estados Unidos abandonó a los afganos cuando ya no le eran útiles. En la guerra entre Irán e Irak, Estados Unidos favoreció a los iraquíes y al régimen de Saddam Hussein. Lo consideraban el menor de dos males, comparándolo con Irán. Esto no funcionó y la historia posterior indica que los iraníes tal vez eran el "mal menor". Ahora parece totalmente posible que Hussein haya estado trabajando con Osama Bin Laden. Y en el momento en que escribo esto, Bin Laden ha hablado en una cinta de video diciendo que las sanciones de Estados Unidos contra Saddam Hussein sólo dañan al pueblo iraquí. Esa es una de las supuestas acciones de "terrorismo" de que Bin Laden acusa a Estados Unidos.

En 1993 y 1994, el ciclo de Saturno y Plutón llegó al cuarto menguante.[9] Este fue el momento en que, hablando astrológicamente, pudo Estados Unidos hacer algo respecto a sus errores del pasado. Tal vez no hubiera podido hacer mucho respecto a Saddam Hussein. Sólo habían pasado un par de años después de la Guerra del Golfo y Estados Unidos todavía estaba tratando de derrocar a Saddam Hussein mediante sus sanciones, lo que ciertamente no ha surtido efecto. En Afganistán, los rebeldes que habían derrotado a los soviéticos seguían luchando entre ellos. El talibán todavía no había llegado al poder. Tal vez Estados Unidos pudo observar y analizar qué lado sería más benéfico para ellos y para los afganos, en ese momento, pero no lo hicieron.

De modo que ahora estamos en la oposición. La planta ha florecido. Saddam Hussein sigue en el

9. Hubo tres cuadraturas: una el 20 de marzo de 1993, otra el 9 de octubre de 1993 y otra el 2 de enero de 1994.

poder e incluso ha logrado despertar la compasión en ciertos lugares, y tal vez tuvo algo que ver en lo que acaba de suceder en Estados Unidos. Y en Afganistán, la "flor" ciertamente es el talibán ¡y no ofrece un panorama agradable!

¿Entonces, qué se puede hacer? No es probable que se pueda esperar que el gobierno de Estados Unidos sea enteramente altruista. Existen demasiados intereses económicos tanto en Estados Unidos como en otros países, para esperar mucho que no sea benéfico para esos intereses a la larga. Pero tal vez se les pueda pedir que reemplacen el mero interés personal por un interés personal *ilustrado*. ¿Qué grupo de poderes con intereses económicos podría considerar el dinero que ahorró al no ayudar a Afganistán a levantarse en las décadas de los ochentas y los noventas, vale la pérdida de vidas y bienes materiales causada por los ataques al World Trade Center?

La razón de que el presidente de Estados Unidos al parecer tenga algunas dificultades para formar una coalición contra el Talibán y Bin Laden no es que los actos en sí no hayan sido increíblemente salvajes, sino que también fueron terribles para el comercio mundial, incluso para los productores de petróleo árabes, incluyendo a Arabia Saudita, la patria de Bin Laden. La recesión que caerá sobre nosotros será pésima para la demanda de petróleo. Si todos los intereses económicos pudieran ver que hacer que los pueblos de la Tierra vivan en la miseria no sólo es inmoral, sino que a la larga es malo para los negocios, tal vez se podría hacer algo. Y esto incluye no solo a Afganistán, sino a África y a todos los lugares donde la pobreza crónica engendra acciones desesperadas.

La siguiente cuadratura de Saturno y Plutón ocurrirá en agosto de 2010. Debemos trabajar hasta entonces, y en especial entonces, para asegurar que las semillas que se están formando ahora sean el tipo de semillas que producirán los mejores resultados para Estados Unidos y el resto del mundo.

Las grandes conjunciones

ROBERT HAND

Nota de la editora: *Este capítulo explora los métodos que usaban los astrólogos medievales para hacer pronósticos. Los métodos son muy parecidos a los que se usan en la actualidad. Robert Hand usa las mismas cartas que usaron los demás autores. También incluye cartas adicionales. Hand explica cómo funciona la astrología de Persia y Arabia, y usa esas técnicas para incrementar nuestra comprensión del periodo moderno, desde aproximadamente 1700 hasta la fecha.*

En la astrología medieval de Persia y Arabia hay un método elaborado y sofisticado para hacer predicciones históricas a largo plazo. Consiste en examinar las cartas que rodean el hecho de que se junten en el mismo grado (conjunción) los planetas externos, Júpiter y Saturno,[1] y al mismo tiempo analizar las cartas elaboradas para la entrada del Sol al signo de Aries. Este fenómeno marca el principio de la primavera en el hemisferio norte.[2] La mejor

1. Para los persas, Júpiter y Saturno eran los planetas externos.

2. El principio del signo de Aries se define como el punto donde empieza la primavera.

descripción de este método, y la más completa, es la que dio el astrólogo persa Abu Ma'shar (787-889) en el libro que en árabe se conoce como *El libro de religiones y dinastías*, y en su traducción al latín se conoce como *Sobre las grandes conjunciones*.[3] En la Primera Parte, Capítulo I, introduce las conjunciones y el método para usarlas con el fin de describir sucesos futuros. A continuación presento un resumen de su descripción.

1. Según Abu Ma'shar, cada 960 años Júpiter y Saturno se unen cerca del principio de Aries. Esta es una *Gran Conjunción*.
2. Cada 240 años las conjunciones de Júpiter y Saturno se mueven de un elemento a otro. En breve describiremos lo que significa esto. Se le llama *Conjunción de mutación*, lo que simplemente significa una conjunción que cambia.
3. Cada treinta años, Marte y Saturno se juntan cerca del principio del signo de Cáncer.
4. Cada veinte años Júpiter y Saturno se juntan en el mismo grado. A esto se le llamó *Conjunción menor*.
5. Cada año el Sol entra a los signos de Aries, Cáncer, Libra y Capricornio al principio de cada una de las estaciones. Abu Ma'shar nos

3. Se ha publicado en una edición árabe junto con una traducción al inglés moderno y la traducción al latín medieval. Ver Yamamoto y Burnett, *Abu Ma'sar, On Historical Astrology [Sobre la astrología histórica]* dos tomos (Leiden: Brill, 2000)

indica que veamos también las cartas de la Luna Nueva o la Luna Llena más cercana antes de cada entrada.

6. Entre los tiempos del número 5, el Sol entra a cada signo individual. Abu Ma'shar también nos aconseja ver la Luna Nueva o la Luna Llena que ocurre justo antes de cada entrada.

Este grupo de conjunciones el ligeramente distinta a la que dan otros autores. Por ejemplo Al Qabisi (conocido en latín como Alchabitius) da una lista ligeramente distinta en su introducción.[4]

Los primeros cuatro elementos de la lista son iguales, pero en la versión de Al Qabisi el número 4 sólo nos pide que estudiemos la entrada del Sol a Aries (primavera), y el número 5 consta de cartas creadas para cada Luna Nueva y Luna Llena. A diferencia de los astrólogos modernos que normalmente ven todas las cartas de Luna Nueva y Luna Llena, los astrólogos de la antigüedad sólo veían las cartas de la Luna Nueva y la Luna Llena antes del inicio de las estaciones.

¿Cuál es el segundo tipo de conjunción? ¿Por qué esa conjunción de Júpiter y Saturno cambia cada 240 años? Las conjunciones de Júpiter y Saturno ocurren en grupos de tal manera que cada conjunción es un poco menor de 120 grados antes de la anterior

4. Al-Qabisi, *Alcabitii ad magisterium astrorun Isagoge* (París: 1521), 20 *recto*.

en el zodiaco. Esto significa que a la larga las conjunciones se adelantan de un signo al siguiente en el zodiaco. Ver la figura 16 en la página 316.

Se dice que los signos que están a una distancia de 120 grados están en el mismo elemento (triplicidad): fuego, aire, tierra o agua. De modo que durante cierto tiempo las conjunciones ocurren en signos de fuego, por ejemplo, pero gradualmente avanzan al siguiente elemento (en este ejemplo sería el elemento tierra), después de lo cual las conjunciones avanzan a los signos del aire, y así sucesivamente. Ver la Figura 16. Cuando las conjunciones pasan de un elemento a otro, tenemos la *conjunción de mutación* que se mencionó antes. Cuando esto pasa, los astrólogos deberían hacer una carta para el principio de la primavera anterior más cercana. Se supone que esta carta refleja los indicadores astrológicos para los siguientes 240 años.

Desde el punto de vista de la astronomía moderna, el tiempo total para que el ciclo de conjunción pase de cierto grado en particular al mismo grado (aproximadamente) es más o menos 795 años, no 960, y el periodo de permanencia en un elemento es en promedio la cuarta parte de eso, con grandes variaciones. Los astrónomos medievales no tenían el valor correcto de la duración de los ciclos de Júpiter y Saturno.

Los astrólogos medievales no usaban el ciclo de conjunciones reales a conjunciones reales, sino un promedio, o un ciclo medio. Esto no afecta la duración del ciclo pero crea una progresión mucho más ordenada de grados de una conjunción a otra. La Figura 16 representa este ciclo promedio. Y cuando a esto añadimos el hecho de que los ciclos de conjunción se centran en la Tierra donde los planetas parecen moverse hacia atrás (retrógrados) al igual que hacia delante, las posiciones de las conjunciones reales se apartan aún más del promedio. Esto tiene especial importancia en lo que se refiere a las mutaciones de un elemento a otro.

A medida que los ciclos de las conjunciones se acercan a los límites entre los signos, las irregularidades adicionales de las verdaderas conjunciones podrían causar que las conjunciones ocurrieran en el "elemento" equivocado. La siguiente tabla muestra cómo ha ocurrido esto en los últimos 400 años.

Mes	**Día**	**Año**	**Conjunción**	**Triplicidad**	
12	18	1603	8Sg19	Fuego	
7	16	1623	6Le36	Fuego	
2	24	1643	25Pi07	Agua	
10	16	1663	12Sg58	Fuego	
10	24	1682	19Le09	Fuego	
2	9	1683	16Le43	Fuego	Conjunción simple
5	18	1683	14Le30	Fuego	
5	21	1702	6Ar36	Fuego	
1	5	1723	23Sg19	Fuego	

8	30	1742	27Le09	Fuego	
3	18	1762	12Ar21	Fuego	
11	5	1782	28Sg07	Fuego	
7	17	1802	5Vi08	Tierra	
6	19	1821	24Ar39	Fuego	
1	26	1842	8Cp54	Tierra	
10	21	1861	18Vi22	Tierra	
4	18	1881	1Ta36	Tierra	
11	28	1901	14Cp00	Tierra	
9	10	1921	26Vi36	Tierra	
8	8	1940	14Ta27	Tierra	
10	20	1940	12Ta28	Tierra	Conjunción simple
2	15	1941	9Ta07	Tierra	
2	19	1961	25Cp12	Tierra	
12	31	1980	v9Li30	Aire	
3	4	1981	8Li06	Aire	Conjunción simple
7	24	1981	4Li56	Aire	
5	28	2000	22Ta43	Tierra	
12	21	2020	0Ac29	Aire	
10	31	2040	17Li56	Aire	
4	7	2060	0Ge46	Aire	
3	15	2080	11Ac52	Aire	

Abreviaturas de los signos

Ar = Aries
Ta = Tauro
Ge = Géminis

Li = Libra
Sc = Escorpión
Sg = Sagitario

Cn = Cáncer
Le = Leo
Vi = Virgo

Cp = Capricornio
Ac = Acuario
Pi = Piscis

Se verá que en ocasiones ocurren tres conjunciones en el mismo año. La causa de esto es el hecho de que a medida que la Tierra gira alrededor del Sol pasa por los planetas externos en su órbita y eso hace que parezca que se mueven hacia atrás, como sucede cuando se rebasa a un coche que va más lento en la carretera. Un planeta que está más lejos de la Tierra parece ir en reversa más lentamente que uno que está más cerca. Para nuestros propósitos, estas conjunciones deberían contarse como una sola conjunción.

A causa de las irregularidades de las órbitas de los dos planetas alrededor del Sol, aunado al hecho de que vemos estas conjunciones desde un punto de vista centrado en la Tierra, estos factores causan otro problema que no tendríamos si las órbitas fueran (1) perfectamente regulares y (2) rodearan a la Tierra en lugar de rodear al Sol.

En 1603, la conjunción empezó a ocurrir en los signos de fuego, pero esto se interrumpió por una conjunción en agua en el año de 1643. Luego, las conjunciones de fuego siguieron hasta 1802, cuando hubo una conjunción en un signo de tierra. Luego en 1821 regresaron de nuevo a fuego. No fue sino hasta 1842 que las conjunciones empezaron a ocurrir regularmente en signos de tierra. Lo mismo ha ocurrido con el movimiento de las conjunciones de tierra a aire a fines del siglo XX. Después de una serie de conjunciones en tierra que termina en 1961, hubo tres conjunciones en aire de 1980 a 1981, seguidas de otra conjunción en tierra en el año 2000.

¿Cómo sabemos cuál de estas conjunciones es una conjunción de mutación? ¿Fue la primera de agua a fuego en 1603 o en 1663? ¿Fue de fuego a tierra en 1802 o en 1842? ¿Fue de tierra a aire en 1980-81 o lo será en 2020? En 1980 muchos astrólogos creían que la conjunción de mutación fue ese grupo triple de conjunciones en 1980-81. Pero estos mismos astrólogos crían que la mutación de fuego a tierra fue en 1842.

Esto no es coherente. Yo creo que las mutaciones fueron en 1663, en 1842 y que habrá una en 2020.[5] Estas son las conjunciones que realmente empezaron una serie de varias conjunciones con la misma triplicidad.

5. Para quienes tienen un enfoque histórico, esta es mi evidencia. Las conjunciones en agua empezaron en 1425. Eso fue al principio del Renacimiento. El Renacimiento se transformó rápidamente en la Reforma, la que a su vez culminó en las guerras religiosas. Estas continuaron hasta que la Guerra de los Treinta Años terminó en Europa y hasta el final de la Guerra Civil Inglesa con Oliver Cromwell. El año de 1662, al igual que la Conjunción de Mutación, delimita perfectamente todo este periodo con la conjunción de 1425. La opción a favor de 1802 en oposición a 1842 es más difícil. Pero para 1842 la Revolución Industrial ya había comenzado a extenderse fuera de Inglaterra, y no fue sino hasta el periodo de 1830 a 1848 que los últimos vestigios de la manera de ser del siglo XVIII, con el derecho divino de los reyes y demás, empezaron a desaparecer. Mis argumentos a favor de 2020 y contra 1980-81, se presentarán a continuación.

Cartas medievales de ciclos

Las tablas medievales de posiciones planetarias que se usaban en el siglo XVIII no eran suficientemente exactas para dar siquiera las fechas aproximadas de las conjunciones de Júpiter y Saturno. Además, no se podían usar tiempos computados para las conjunciones de Marte y Saturno. ¿Entonces, cómo podían hacer cartas para los ciclos según se describe en los puntos del 1 al 4 anteriores? Abu Ma'shar habla muy claramente sobre esto. Lo que hacían era hacer cartas para la entrada del Sol a Aries (el principio de la primavera) que ocurría justo antes de la conjunción. Usaban estas cartas de ingreso en lugar de las cartas de la conjunción. En pocas palabras, todas las cartas para ciclos de Abu Ma'shar, excepto las que se crearon para las Lunas Nuevas y Lunas Llenas, son cartas para el inicio de la primavera u otra estación.

Siguiendo las criterios medievales, ¿hemos tenido una Gran Conjunción que podamos identificar? Incluso con todas las irregularidades inherentes a los ciclos de las conjunciones de Júpiter y Saturno, hubo una conjunción en 1702 que satisface los criterios.[6] Lo único que es necesario hacer es ver la carta para el principio de la primavera inmediata anterior a la conjunción. La conjunción ocurrió aproximadamente a las 8:55 p.m. Hora media de Greenwich el 21 de mayo de 1702. Ese año la primavera

6. La conjunción de 1702 fue a 6 grados Aries 36 minutos.

empezó a las 2:11:40 GMT en 21 de marzo. Ver la figura 15 en la página 315. De acuerdo a las enseñanzas de Abu Ma´shar, esta es la carta de la era moderna y será relevante durante aproximadamente 795 años, es decir, hasta 2497. Ver la carta de la era moderna, figura 15.

Washington D.C. y Nueva York son puntos de poder

En 1702, la ciudad de Nueva York ya se conocía como Nueva York, pero Washington D.C. no existía.[7] Sin embargo, la carta para la era moderna muestra en forma dramática las longitudes de la Ciudad de Nueva York y de Washington D.C., como centros de gran poder y transformación, sea buena o mala. ¿Es esto una coincidencia sin sentido?

Estados Unidos en 1945

Una indicación de la posible respuesta a esa pregunta es que Plutón se tarda aproximadamente 243 años para terminar un ciclo completo del zodiaco. Si sumamos 243 a 1702, ¡tenemos 1945! Y si estudiamos las efemérides de ese periodo, encontramos que en octubre de 1945, justo antes de la rendición de

7. Tiene la posición zodiacal de Plutón casi en el Medio Cielo. La razón de esto es que Plutón por lo general está bastantes grados arriba o abajo del plano central del zodiaco, que también se conoce como eclíptico. Por la geometría de la esfera celeste, cualquier cuerpo que no esté exactamente en la eclíptica cruzará el Medio Cielo a una hora ligeramente distinta al punto del zodiaco en la eclíptica que se da como su posición zodiacal.

Japón, Plutón empezó a transitar el Medio Cielo de la carta para la Era Moderna elaborada en 1702, y siguió cruzando el Medio Cielo de Washington y su propia posición en la carta de 1702, a lo largo de fines de 1945, 1946 y 1947. En estos años llegó a ser muy claro que sólo dos naciones de la Tierra quedarían como superpoderes, la Unión Soviética y los Estados Unidos.

El final de la supremacía soviética

Y este es otro hecho que muestra que esto no es mera coincidencia. Plutón empezó a moverse con bastante rapidez en las décadas de 1970 y 1980, de modo que para 1988-89, Plutón cuadró su posición en la carta de 1702 por segunda vez. 1989 fue el año en que el mundo comunista (fuera de China) se desintegró y Estados Unidos surgió como el único superpoder.

Pero antes de pasar a otro tema, necesitamos enfatizar algo. Los meridianos de Nueva York y Washington son los únicos meridianos del mundo en que el Plutón de 1702 está en el Medio Cielo. Con toda seguridad, estas líneas también pasan por regiones de Canadá y América del Sur y es posible que algunas de estas zonas desempeñen un papel comparable al de Estados Unidos en la actualidad, en alguna otra parte del periodo de la Gran Conjunción de 1702.

Hanoi y Vietnam

Hay un último dato interesante. La ciudad capital de Hanoi en Asia, está en el punto exactamente opuesto en longitud a Nueva York. Hanoi es la única ciudad capital de una nación que ha derrotado a Estados Unidos en una guerra. Plutón está en el I.C. de la carta de 1702 (en la ubicación de Hanoi), que es exactamente el punto opuesto de la ubicación de Nueva York y Washington en Medio Cielo.

La carta de la Era Moderna en relación con el presente

Los tránsitos del ataque a la carta de 1702 son muy impactantes. Lo más importante es que, en el momento del ataque del 11 de septiembre, Plutón estaba exactamente trígono (120 grados) con la combinación de Plutón y Medio Cielo en la carta de 1702. Como ya hemos visto, los tránsitos de Plutón hacia el Plutón de 1702 han sido de mucha importancia en el pasado.

Para cuando ocurrió el contra-ataque el 7 de octubre de 2001, el Sol, Marte y Júpiter habían formado una cuadratura en T.[8] Basándome sólo en ese aspecto, yo esperaba que el contra-ataque empezara más o menos en esa fecha, pues esta combinación estaba muy cerca de los Soles tanto en la carta de Estados Unidos (1776) como en la de George W. Bush. Lo que no sabía, hasta que empecé a hacer la

8. Marte estaba en oposición a Júpiter y el Sol los cuadraba a ambos.

investigación necesaria para este artículo, era que la cuadratura en T estaba muy cerca del Urano de la carta de 1702, que está en la Novena Casa de la carta, lo que indica algo relacionado con países extranjeros. Marte y Júpiter indican que se llevarán a cabo acciones afortunadas y productivas. El Sol simplemente añade poder y ayuda a encontrar el momento del suceso. Urano significa un suceso repentino y perturbador.

Se requiere cautela

Esta combinación de Marte, Júpiter y el Sol indica una tendencia a exagerar las cosas; a tomar riesgos demasiado grandes. El gobierno de Estados Unidos ha actuado con circunspección hasta la fecha (10 de octubre de 2001), pero no ha definido el alcance de lo que intenta lograr, y esto podría llevarlo a las manifestaciones negativas de esta combinación.

Advertencia

Antes de dejar la carta de 1702, hay otro punto importante que debo mencionar. Ya hemos visto que el trígono de Plutón y el Plutón de la carta de 1702 es importante —los ataques contra Estados Unidos en 2001. Pero nos dice algo más específico. Los trígonos por lo general indican resultados productivos si optamos por actuar durante ellos, y Estados Unidos ha actuado. Pero simplemente "encargarse" de Bin Laden y compañía, no es una respuesta satisfactoria a largo plazo. No altera el problema básico del terrorismo. Aunque es correcto condenar la masacre sin sentido de miles de inocentes, sería mejor que Estados Unidos cambiara su forma de negociar con los países extranjeros.

El último trígono de Plutón (en la carta de 1702) hacia el Plutón en tránsito, fue en 1830 (Ver la nota 5). A esto siguió un Plutón en cuadratura con el aspecto Plutón en 1863 y hasta 1866 (el periodo de la Guerra Civil). En la década de 1830 se intentaron varios acuerdos respecto a la esclavitud, entre los estados que la tenían y los que no la tenían. Lo único que se logró fue que ambos se volvieron más intransigentes. El resultado fue que la siguiente cuadratura fue el periodo más brutal de la Guerra Civil.

El siguiente periodo difícil en la historia de Estados Unidos

A partir de ahora, la siguiente combinación difícil de Plutón en relación con el Plutón de 1702, es la oposición a finales de la década de 2070. No espero estar presente, pero lo qué sabemos ahora tendrá un resultado tremendo en esa época. Si Estados Unidos hace bien las cosas, no la pasará mal. Si no, habrá una crisis terrible, mucho peor que la Guerra Civil para Estados Unidos.

La conjunción de mutación de 1842

La conjunción de mutación de 1842 ocurrió a la 1:13 a.m. EST, el 26 de enero de 1842. El inicio anterior de la primavera empezó a la 1:27:45 p.m. EST el 20 de marzo de 1841. Es asombroso que, como en la carta de 1702, ¡la posición zodiacal del planeta Plutón esté de nuevo en el Medio Cielo de Washington D.C! El cuerpo planetario de Plutón, como un punto, estaba en el Medio Cielo de Boston, Massachusetts. Los dos tipos de líneas de Plutón y el Medio Cielo señalan el noreste de Estados Unidos.

Esta región estaba a punto de tener una expansión sin precedente en cuanto a poder e influencia. (Recordemos que esta carta tiene influencia y significado de 1841 hasta la primavera de 2020). Este Plutón está en un trígono muy cercano (un ángulo de 120 grados) con Júpiter. La combinación de Júpiter y Plutón indica un crecimiento poderoso, transformaciones afortunadas y regeneración. Esto describe claramente el gran crecimiento de poder y prestigio que ocurriría en el siguiente ciclo de mutación en el noreste de Estados Unidos.

¿Cómo se relaciona esta carta con los sucesos de septiembre y octubre? Esta carta no interactúa con tanta fuerza con las recientes posiciones planetarias como la carta de 1702, pero hay un par de indicadores que vale la pena mencionar. En primer lugar, el Marte del 11 de septiembre de 2001, está en conjunción con el Saturno de la carta de 1841. Ese Saturno está en la Sexta Casa de la carta de 1841. Muchos astrólogos aseguran que esa casa da indicaciones para los servicios militares, ya que "servicio" es una palabra de la Sexta Casa. En la carta del 11 de septiembre, Marte está en ese grado y es fácil ver que indica un suceso que requerirá que estos servicios entren en acción. En segundo lugar, el Neptuno del 11 de septiembre, forma una cuadratura con el Marte, en Escorpión, de la carta de 1841, que está en la Cuarta Casa de las propiedades y los edificios. Esto indica claramente un incidente de Marte (fuego, explosiones, etc.) que ocurrirá de tal manera que debilite. También podría indicar algo como un "ataque encubierto".

La carta del ciclo de Marte y Saturno en 1974

Según Abu Ma'shar, la carta de los treinta años del ciclo de Marte y Saturno, es la carta que corresponde a la primavera anterior a la conjunción de Marte y Saturno en el signo de Cáncer, como se mencionó en el punto número tres, al principio de este capítulo. Esto ocurrió el 20 de abril de 1974, a las 9:52:15 a.m. EDT. La conjunción en sí fue a 0 grados y 8 minutos de Cáncer. Aunque nos estamos basando en las cartas de la primavera anterior, siguiendo las indicaciones de Abu Ma'shar, esta carta es interesante por sí misma, debido a dos razones:

Primera, la conjunción ocurrió al principio de un signo cardinal,[9] lo que por lo general se considera una posición muy significativa.

9. Los signos cardinales son los que empiezan cada estación para la que se hacen cartas de ingreso. Son Aries, Cáncer, Libra y Capricornio.

Segunda, la primavera anterior empezó a las 8:06:46 p.m. EDT,[10] el 20 de marzo de 1974.

Se creía que la carta del ciclo de Marte y Saturno era ante todo una carta de caos y desastre, ya que era la carta en que se juntaban los dos maléficos, Marte, el "maléfico menor", y Saturno, el "maléfico mayor". Aunque debemos ser tolerantes con la tendencia que tienen los escritores tradicionales en el tema de astrología para decir las cosas con términos horrendos, el siguiente pasaje de William Ramesey, un escritor del siglo XVII, no parece muy severo para las circunstancias presentes.

> De manera similar, la *Conjunción de Saturno y Marte* en el primer grado o término de *Cáncer*, es el precursor de mucha maldad [sin embargo se prefieren los dos anteriores].[11] Terribles guerras, matanzas, reducción de población y alteraciones en el gobierno; y la destrucción de Reinos, fuego y espada, hambre y peste, etc.[12] [La puntuación y la tipografía se tomaron del original.]

Esta carta tiene a Plutón surgiendo, pero no exactamente en la Ascendente de Washington; además,

10. Ese fue el año de la escasez de energía y todo el año se utilizó el programa de ahorro de luz solar.

11. Esto se refiere a los dos tipos anteriores de cartas de ciclos de Júpiter y Saturno que se describieron antes.

12. William Ramesey, *Astrologia Restaurata, [Astrología restaurada]* (Londres: 1653, facsímil Ascella Publications), 328.

Urano está en la Primera Casa. Pero tal vez su característica más intrigante es Marte en Géminis en la Novena Casa de lugares extraños y viajes a lugares lejanos, que se opone a Neptuno en la Tercera Casa de los viajes cortos. El significado de esto se clarificará a continuación. Pero el simbolismo básico indica dificultades en el transporte de larga distancia y las combinaciones de Marte y Neptuno pueden tener algo que ver con acciones fanáticas motivadas por la religión. También debemos recordar que esta carta no sólo precede a la llegada de las dificultades causadas por los extremistas islámicos, sino que también precede el surgimiento del extremismo religioso en este país.

Respecto a esa oposición de Marte y Neptuno en la carta de 1974, la posición de Marte a 12 grados Géminis 12 minutos está cerca del Saturno en la carta del 11 de Septiembre, y aún más cerca de la oposición de Plutón en esa carta a 12 grados y 38 minutos de Sagitario. Además, el Neptuno de la carta de 1874 está muy cerca de oponerse al Urano de la carta del 4 de julio de 1776. En la versión de esa carta que yo uso, Urano está en la Séptima Casa de los enemigos manifiestos. Neptuno también indica algo encubierto u oculto.

La conjunción de Júpiter y Saturno en el año 2000

El siguiente nivel de conjunción es el ciclo de Júpiter y Saturno en el que ocurre un suceso. Esto se indica en la carta de ingreso de la primavera que la precede. La conjunción ocurrió el 28 de mayo de 2000, así que vamos a la primavera anterior que empezó a las 2:35:37 a.m. EST del 20 de marzo de 2000. Esta carta presenta a Júpiter en el I.C. de Washington, D.C. en una cuadratura cercana (90 grados) con Neptuno en la Segunda Casa.

Este ingreso ocurrió justo cuando la bolsa de valores había llegado a su punto más alto y estaba en una ola de frenesí especulativo. Este es un fenómeno clásico de Júpiter y Neptuno. Neptuno y Urano, ambos en la Segunda Casa del dinero y las finanzas, eran advertencias de que las cosas se estaban poniendo inestables en el frente económico. El que Neptuno estuviera a 90 grados del I.C. también se podría interpretar como una advertencia de que algo podría pasarle a las propiedades y a los edificios. Sin embargo, digo esto con la ventaja de la visión retrospectiva. Gracias al modesto éxito que he tenido con el uso de estas cartas de ingreso para predecir sucesos, he empezado a descubrir lo útiles que pueden ser.[13]

La conexión principal entre esta carta y la carta de los sucesos de septiembre y octubre es que la Ascendente de esta carta está cerca a la oposición del Sol de la carta del 4 de julio de 1776, que es también el Sol del Presidente Bush. Pero lo que es aún

13. Robert Hand "A Crisis of Power: Saturn and Pluto Face Off", en *The Mountain Astrologer*, agosto/septiembre 2001.

más importante, es que la cuadratura en T de Marte, Júpiter y el Sol que se mencionó antes, y que se formó aproximadamente en la fecha del contra-ataque de Estados Unidos, tenía una relación muy cercana con la Ascendente y la Descendente de esta carta. Marte estaba en conjunción con la Ascendente de esta carta , Júpiter con la Descendente y el Sol hacía cuadratura con ambos.

Cuando las cuadraturas en T ocurren en puntos importantes de la carta de un ciclo, indican que algo importante está a punto de ocurrir en ese ciclo.

Las cartas de las estaciones de 2001

Hay dos cartas que yo normalmente querría ver en relación con una fecha como el 11 de septiembre de 2001: la carta de la primavera, que en cierta medida gobierna a todo el año; y la carta del verano, que es la última estación que comenzó antes de los ataques. La primavera de 2001 empezó a las 8:30:02 a.m. EST del 20 de marzo.

Esta carta tiene a Saturno surgiendo cerca de la Ascendente. Esto indica que las personas de la nación (Primera Casa) están preocupadas por asuntos de peso. Esto simplemente podría señalar preocupaciones por la economía.

Sin embargo, tenemos a Júpiter en la Segunda Casa del dinero, lo que normalmente sería una buena señal para la economía. No obstante, Júpiter está en Géminis, el signo de su detrimento,[14] lo que significa que sus efectos no son tan útiles como de costumbre. Y Mercurio, el planeta que rige[15] la Segunda Casa está en Piscis, que es el signo de su detrimento y de su caída.[16] También están en cuadratura cercana (ángulo de 90 grados) entre sí.

Los otros elementos notables de esta carta son que Neptuno está cerca del Medio Cielo con la Luna, lo que indica duda e incertidumbre en el gobierno, en especial respecto a la gente (la Luna y la Primera Casa indican a la gente). Pero en retrospectiva, lo más siniestro de la carta es la conjunción de Marte y Plutón en la Octava Casa. Esto no es algo que yo hubiera podido anticipar. Uno no anticipa lo inconcebible, y el 11 de septiembre fue inconcebible. Esta es una clara indicación de muerte y destrucción masiva en el año siguiente. ¿Pudo significar otra cosa? ¡Ciertamente! Y eso es lo que supuse que sería. Todas las indicaciones astrológicas ocurren dentro de un contexto histórico. En la primavera pasada no sabíamos lo que sería el contexto histórico. Urano en la Décima Casa con cuadratura a la

14. El signo de detrimento es el signo opuesto al signo que un planeta rige o con el que se dice que tiene la conexión más cercana. Júpiter "rige" a Sagitario, de modo que está en detrimento en Géminis, que es el signo opuesto.

15. Ver la nota anterior.

16. Una caída ocurre cuando un planeta está en el signo opuesto al signo que se dice está en exaltación. La exaltación es un poco menos poderosa que el hecho de que un signo rija de manera usual, pero es poderosa. Mercurio rige y se exalta en el mismo signo, es el único planeta con el que esto ocurre. Por consiguiente, está en caída y detrimento en Piscis, el signo opuesto.

Ascendente y a Saturno en la Primera Casa, también indica que posiblemente habría gran agitación entre la gente. Por cierto, este Saturno tuvo una conjunción exacta con la Ascendente en la ciudad de Nueva York.

El verano empezó a las 3:36:52 a.m. EDT el 21 de junio de 2001. Esta carta tiene a Neptuno muy cerca del Medio Cielo. De hecho, estaba en el Medio Cielo en la ciudad de Nueva York, señalando a Nueva York como la ubicación de un ataque encubierto (Neptuno). La otra peculiaridad importante de esta carta es que la Luna Nueva estaba a punto de ocurrir, y la Luna Nueva es un eclipse. Mencioné antes que la posición real de la conjunción de Marte y Saturno en 1974 era a 0 grados y 8 minutos de Cáncer. El eclipse que ocurrió justo después del ingreso del verano ocurrió a 0 grados y 10 minutos de Cáncer. ¡Una diferencia de *dos minutos*! Los eclipses no son parte del sistema clásico de Abu Ma'shar, pero desde tiempos muy antiguos siempre han sido parte del esquema general de los pronósticos mundanos. Este eclipse indica que una manifestación importante del simbolismo de la conjunción de Marte y Saturno en 1974, estaba a punto de ocurrir.

Las lunas nuevas y llenas que preceden

Ahora llegamos a las cartas de los ciclos más cortos, las de la Luna Nueva y la Luna Llena. La Luna Nueva ocurrió a las 10:45 p.m. EDT del 18 de agosto de

2001. No es obvio de inmediato que esta es una carta importante, pero un signo siniestro, visto a la luz de los sucesos posteriores, es que la oposición de Saturno y Plutón de 2001-02 está entre la Segunda (dinero) y la Octava (muerte) Casas. Estas, a su vez, están en cuadratura con Mercurio en la Quinta Casa, que rige la especulación y las bolsas de valores. Es claro que esta carta no es favorable para los mercados, y se ve que tiene algo que ver con la muerte.

La Luna Llena ocurrió a las 5:40:36 p.m. EDT del 2 de septiembre de 2001. Esta carta es mucho más siniestra que la de la Luna Nueva. Sería difícil no ver su importancia. La Luna Llena está entre el Sol a 10 grados y 28 minutos de Virgo y la Luna en la misma posición en Piscis, el Sol está en la Octava Casa de la muerte y la Luna en la Segunda Casa del dinero. Están en cuadratura (90 grados) con Saturno a 14 grados y 27 minutos Géminis en la Quinta Casa (especulación y casas de bolsa) y Plutón está a 12 grados y 35 minutos de Sagitario en la Undécima Casa de grupos, organizaciones, corporaciones, etc. Esta combinación es lo que se llama una Gran Cuadratura en la que tenemos planetas en las cuatro esquinas de una figura cuadrada y dos oposiciones que pasan por la parte media de la figura cuadrada. Esta es una combinación bastante difícil.

¿Habría podido alguien pronosticar esto basándose sólo en esta carta? ¡Claro que no! Sólo cuando reunimos el peso de todas las indicaciones, podemos ver, al menos en retrospectiva, lo que estaba por venir. También quiero decir en este momento que los astrólogos modernos por lo general no usan el método que he descrito aquí; me refiero a este examen sistemático de cartas de ciclos e ingresos que brotan de una Gran Conjunción, van a una Conjunción de Mutación, al ciclo de Marte y Saturno, etc.

Estos últimos elementos del sistema, las cartas para la primavera y el verano anteriores, la Luna Nueva y la Luna Llena, junto con la carta del eclipse, son lo único que, en cierta medida, podría indicar el tiempo de un suceso. Las cartas a más largo plazo deben, en cierto nivel, indicar los lugares relacionados con los sucesos, colocando a los planetas en la Ascendente, el Medio Cielo, la Descendente o el I.C., o a través de comparaciones con los planetas del periodo indicado por las cartas de ciclos de plazos más cortos. ¿Pude haber descubierto los sucesos del 11 de septiembre de 2001 haciendo todo eso? No precisamente, pero pude haber encontrado la fecha aproximada de todo el suceso, y lo hice; también creo que la carta del contra-ataque pudo haberse visto en forma aproximada.[17]

Conclusión

De modo que aquí lo tenemos. Un método de análisis histórico que se desarrolló en la Edad Media o

17. Pero no vi nada similar a la severidad de lo que pasó porque no me era posible concebirlo.

antes,[18] y que ilumina en gran medida los sucesos del presente. Es obvio que lo que hacemos aquí tendrá un impacto tremendo en el futuro. Esperamos estar guiados por algo más que los limitados intereses individuales del pasado. Si queremos que el mundo islámico nos acepte como sus hermanos y hermanas, debemos tratarlos como hermanos y hermanas, reconociendo que en este momento existen elementos en ese mundo que nunca nos aceptarían, sin importar lo que hiciéramos.

Estados Unidos debe renunciar a los últimos vestigios de colonialismo y ayudar en los lugares que sea posible a que esos pueblos se integren por completo al mundo moderno, y al mismo tiempo permitirles que usen sus propios medios para conservar su propia civilización. Hay que recordar que toda la metodología que se usó en este artículo fue creada en esa cultura. Abu Ma'shar perteneció a una etnia de Irán y escribió en árabe y persa medio. Él y otros les enseñaron estas cosas a nuestros antepasados.

18. Digo "antes" porque la documentación de la historia de la astrología que había en la Persia anterior al Islam fue destruida por los árabes cuando conquistaron el Imperio Persa. Pero la tradición no fue destruida. Se relaciona con la tradición de los escritores griegos en la era romana tardía, aunque su forma es diferente. Pero cuando vemos esa tradición en los escritos de Abu Ma'shar, está totalmente desarrollada y es obvio que es el resultado de un largo periodo de desarrollo, que posiblemente sea de siglos.

Conclusión

STEPHANIE CLEMENT

Ataque a la civilización es un título osado para un libro. A lo largo de los capítulos de este libro hemos mostrado las realidades astrológicas del ataque contra el World Trade Center y Washington D.C. el 11 de septiembre de 2001. Además, hemos presentado información histórica sobre las naciones y las personalidades involucradas en la lucha que actualmente se libra contra el terrorismo. Hemos mostrado cómo el daño que causaron estos sucesos repercutirá en los campos militares, políticos, económicos y humanos. El 11 de septiembre marca el final de la actitud de "todo sigue igual, a pesar de las circunstancias".

Esta fecha también marca el inicio de algo nuevo. Podríamos llamarlo el inicio de la exteriorización de la conciencia. Antes de esta fecha la mayoría de las personas se dedicaba a sus propias actividades, tenía sus propios pensamientos, se esforzaba en sus propias carreras. Utilizábamos los elementos de la globalización, pero no pensábamos mucho en ellos. Algunos de los elementos principales son:

1. Una economía global, dentro de la cual compramos y usamos productos de todo el mundo. Esta economía global no es todavía la entidad sofisticada en que puede convertirse, con una infraestructura global para apoyar una sola moneda. Ya tenemos la capacidad de viajar alrededor del mundo en veinticuatro horas. Y estamos desarrollando una conciencia global que va desde la conservación de la selva del Amazonas a la forma de resolver el problema de derramamientos de petróleo en Alaska.
2. Al ser un idioma internacional, el inglés del mundo de los negocios ya ha integrado palabras de otras lenguas, como sputnik, fataw, watusi e I Ching. Cuando el inglés no es capaz de expresar algo, tenemos computadoras que traducen idiomas y facilitan la comunicación a través de las fronteras.
3. Internet, que es una red global de información, proporciona comunicación instantánea y medios para compartir y almacenar información.

Todo esto estaba presente en nuestro mundo antes del 11 de septiembre de 2001. Lo qué ocurrió en esa fecha fue la presentación, el nacimiento, de la unificación de la conciencia individual con la conciencia global. Lo que fue la muerte de John F. Kennedy para Estados Unidos, lo que fue la muerte de la Princesa Diana para Gran Bretaña, lo que fue la muerte de la Madre Teresa para la India, este suceso lo fue para todo el mundo. En unos cuantos minutos, y ciertamente en los días que siguieron al ataque del 11 de septiembre, el mundo se unió como una mente, elevando el nivel de conciencia del planeta para siempre.

Carl Weschcke, presidente de Llewellyn Worldwide, lo expresó en esta forma:

"Nunca antes en la historia había sido posible, pero con este suceso la conciencia humana se unió, no a un nivel espiritual 'donde todos somos uno', sino aquí en nuestros cuerpos mentales. En este momento, creo que nos hemos unido en una colectividad mental fuera de los cuerpos físicos. Es similar a la experiencia emocional de unirse en una danza formando un círculo o en una oración común; pero esto fue al nivel de la mente en una dimensión realmente global".

La relación entre la conciencia global y la astrología

A lo largo de este libro se ha hablado sobre la carta astrológica del ataque del 11 de septiembre. Quiero agregar unos cuantos pensamientos al respecto, desde la perspectiva de la mente global que está surgiendo.

En esta carta, el Sol está en el signo de Virgo. Este signo ejemplifica la fuerza que se encuentra en la cooperación. El lector ha visto lo que ha sido el intenso esfuerzo de cooperación entre los terroristas para planear y ejecutar su misión, y el de los rescatistas que buscaron sobrevivientes. La misma intensidad puede estar presente en el desarrollo de la conciencia global. Está surgiendo evidencia científica respecto a este punto en particular.

El Proyecto de Conciencia Global de la Universidad de Princeton ha creado una red de "nidos", ubicados alrededor del mundo para generar datos al azar continuamente. El ataque terrorista se refleja en los datos en formas increíbles.[1] En gráficas que reflejan los datos de los generadores al azar, "la tendencia de la gráfica que empezó inmediatamente antes de la primera colisión y que continuó por muchos días, hasta el 13 de septiembre, es extrema". Se calcula que las probabilidades están en un orden de magnitud de 1 en 1000. Dean Radin dice: "Estos efectos son la evidencia más convincente que he visto hasta el momento, de que la atención y la intención masiva afecta al mundo físico, tal vez este suceso también haya sido el más terrible".

Los datos que se reflejan en la enorme efusión de sentimiento en los días que siguieron al desastre,

1. "Terrorist Disaster, September 11, 2001" [Desastre terrorista, 11 de septiembre de 2001], en http://noosphere.princeton.edu, en un vínculo de Global Consciousnes Project.

mientras los equipos de rescate trabajaban sin descanso para encontrar a las personas que se sabía estaban vivas bajo los escombros de los edificios, lo que llevó a momentos de espiritualidad colectiva el 14 de septiembre. "Una manera de pensar sobre estas sorprendentes correlaciones es aceptar la posibilidad de que los instrumentos han captado el hecho de que se está empezando a formar la reacción de una conciencia global. La red se construyó para lograr precisamente eso: ver si podíamos reunir evidencia de una mente comunal y compartida en la que participamos aunque no tengamos conocimiento de ello".

¿Qué información adicional podemos reunir respecto a esta conciencia global? En la carta astrológica que se realizó para el primer ataque al World Trade Center, la Luna está en los grados tardíos de Géminis. Este signo refleja las "relaciones con las personas del entorno y con la familia. Intercambio de pensamientos".[2] Al estar ubicada en la Novena Casa, que es el sector de la carta que los astrólogos relacionan tanto con la filosofía de altura como con los viajes aéreos, los países extranjeros y el comercio exterior, la Luna en Géminis indica en forma general exactamente el tipo de comunicación unificadora que se refleja en el estudio de Princeton.

También refleja algo más intrigante. La astrología de los sucesos sugiere que la Luna está en los

2. Reinhold Ebertin, *The Combination of Stellar Influences [La combinación de influencias estelares]* (Ebertin Verlag, 1972), 41.

últimos grados de un signo, después de la formación de aspectos hacia cualquier otro planeta antes de entrar al siguiente signo, deberíamos considerar la palabra "nada" como una indicación del resultado. Antes, en este libro, dije que en mi opinión no se habría podido hacer nada para impedir los ataques terroristas.

Mercurio está surgiendo en esta carta, lo que indica comunicación y cooperación como la esencia del suceso. El ataque terrorista se presenta como el contraste más absoluto ante la evidencia del surgimiento de una conciencia planetaria.

No puedo pensar en una polarización de energía más extrema: por una parte, una destrucción masiva motivada por creencias religiosas fundamentalistas, y por otra una profunda integración y sabiduría espiritual.

La Luna de hecho crea un aspecto antes de salir de Géminis y entrar al signo de Cáncer, y ese aspecto es que se ubica en una posición paralela a Júpiter. No es una conjunción. Significa que la Luna y Júpiter están en la misma declinación.

La declinación es una medida de la distancia a que están los planetas de la ruta elíptica de la Tierra alrededor del Sol. Se considera que un paralelo es muy afortunado, especialmente cuando Júpiter está involucrado. Es más, tanto la Luna como Júpiter se están moviendo hacia este paralelo. El paralelo "siempre es bueno, pues junta a dos planetas para concluir el asunto".[3] El resultado completo "tardará en ocurrir", pero "es tan bueno como se ve ahora".[4] Estas afirmaciones se relacionan con los ataques terroristas, y también con el nacimiento de la conciencia global. Esta conciencia es ya un hecho. En realidad pudo haber existido por mucho tiempo, y lo que ha ocurrido ahora es sólo el "nacimiento" de nuestra conciencia de ello como una realidad. Me intriga el hecho de que la Luna haya estado exactamente en el mismo grado de longitud que la Estrella Polar el 11 de septiembre, en el momento de la primera colisión. La Luna nos está mostrando la dirección a medida que avanzamos hacia el futuro.

Ahora surge la pregunta: ¿Qué haremos con esta conciencia global? Estamos a la entrada de un salto evolutivo. Robert Hand, en su artículo "Las grandes conjunciones", sugiere que estamos en un momento de quietud entre el final del ciclo de un elemento tierra y el principio de un ciclo del elemento aire. Podemos elegir entre 1981 y 2020 como las fechas en que comenzará definitivamente el siguiente ciclo, y Hand presenta un sólido argumento a favor de 2020. El elemento aire es totalmente coherente con el concepto de la exteriorización de la conciencia. Ya no tendremos que abrirnos paso entre las ideas que generamos en forma individual. Podemos usar el poder de la mente para combinar

3. Ivy Goldstein-Jacobson, *Simplified Horary Astrology [Astrología de horario simplificada]* (Ivy M. Goldstein-Jacobson, 1970), 79.

4. Ibid.

ideas de personas de todo el planeta. Podemos enfrentarnos a problemas que antes parecían superar nuestra capacidad.

Cito de nuevo a Carl Weschcke: "Podemos reconocer los errores del pasado que nos han llevado a esta tragedia (incluyo lo que ha sucedido y lo que está sucediendo: Nueva York, Palestina, Afganistán, etc.), pero no podemos arreglar el pasado. Sólo podemos ver hacia el futuro que deseamos y tratar de entender la manera de llegar a él; y luego tomar la decisión de actuar con inteligencia. La clave es suceso en sí: Mientras permanezca como una gran fuerza emocional, podemos usarlo para hacer que la gente regrese a la experiencia de la mente mundial. Con eso, reforzaremos la conciencia global".

Colaboradores

BERNIE ASHMAN tiene un título en ciencias políticas con especialidad en política internacional. Además de su carrera como trabajador social, ha practicado la astrología durante más de veinticinco años, y ha escrito varios libros, entre ellos, *Astrological Games People Play [Juegos astrológicos que juega la gente]* (Publicaciones ACS), *Roadmap to Your Future [Mapa de rutas hacia tu futuro]* (Reimpreso por AFA), *Signmates [Compañeros de signo]* (Llewellyn), y tiene un contrato con Llewellyn para un cuarto libro.

DRA. STEPHANIE JEAN CLEMENT, astróloga profesional durante más de veinticinco años, miembro de la junta directiva de la Federación Americana de Astrólogos y miembro del cuerpo docente de Kepler College, la única universidad de Estados Unidos que ofrece una carrera en astrología. Tiene un doctorado en Psicología Transpersonal y ha escrito siete libros sobre astrología y una sobre sueños.

DAVID CROOK ha estudiado I Ching, Taoismo, metafísica y astrología durante veinte años. También trabaja como artista visual pues tiene una Maestría en Bellas Artes del San Francisco Art Institute. A lo largo de los últimos dos años se ha concentrado en el estudio de la astrología mundana, mientras sigue dando consultas privadas a sus clientes.

ROBERT HAND ha estado estudiando astrología y la historia de la astrología durante más de treinta años. Es uno de los astrólogos de más renombre en la actualidad, las áreas en las que es experto son astrología medieval clásica y teoría moderna. Es el fundador y director de ARHAT, un archivo y casa editora para la investigación astrológica y textos históricos. Es autor de textos clásicos como *Planets in Transit [Planetas en tránsito]* y *Essays in Astrology [ensayos sobre astrología]*.

JONATHAN KEYES, licenciado en ciencias. Es astrólogo, herbolario y practicante de la medicina espiritual a base de plantas. Escribe para StarIQ.com, y sus escritos han aparecido en *The Mountain Astrologer [El astrólogo de la montaña]*. Jonathan publicó un artículo sobre astrología y salud en *Sun Sign Book [Libro del signo del Sol]*, publicado por Llewellyn en 2002, y Llewellyn publicará su próximo libro, *Mirror to the Sky: A Guide to Astrological Healing [Espejo al cielo: una guía para la sanación astrológica]* en 2002.

KRIS BRANDT RISKE es miembro profesional certificado de la Federación Americana de Astrólogos. Además de dar consultas a clientes, edita libros de astrología y sus artículos se han publicado en *Dell Horoscope [Horóscopo Dell]* y en *Today's Astrologer [El astrólogo de hoy]*. Se especializa en relaciones, romances y pronósticos. Es autora de *Astrometeorology: Planetary Power in Weather Forecasting [Astrometeorología:el poder planetario en los pronósticos del clima]*. Sus pronósticos aparecen en el libro de Llewellyn, *Moon Sign Book [Libro del signo de la Luna]* y en el *National Examiner [Examinador Nacional]*.

GEORGIA STATHIS ha sido astróloga profesional de tiempo completo desde 1977. Su experiencia en el mundo de los negocios, lo que incluye inversiones, bienes raíces, relaciones públicas, publicidad y mercadotecnia, ha sido el fundamento de su trabajo como astróloga para individuos y compañías. Es norteamericana de padres griegos, y su cultura tiene sus raíces en los mitos, los relatos y el comercio. Es co-autora de *Financial Astrology for the 1990s [Astrología financiera para la década de 1990]* y autora y editora de las agendas *Starcycles Calendar [Calendario de signos de las estrellas]*.

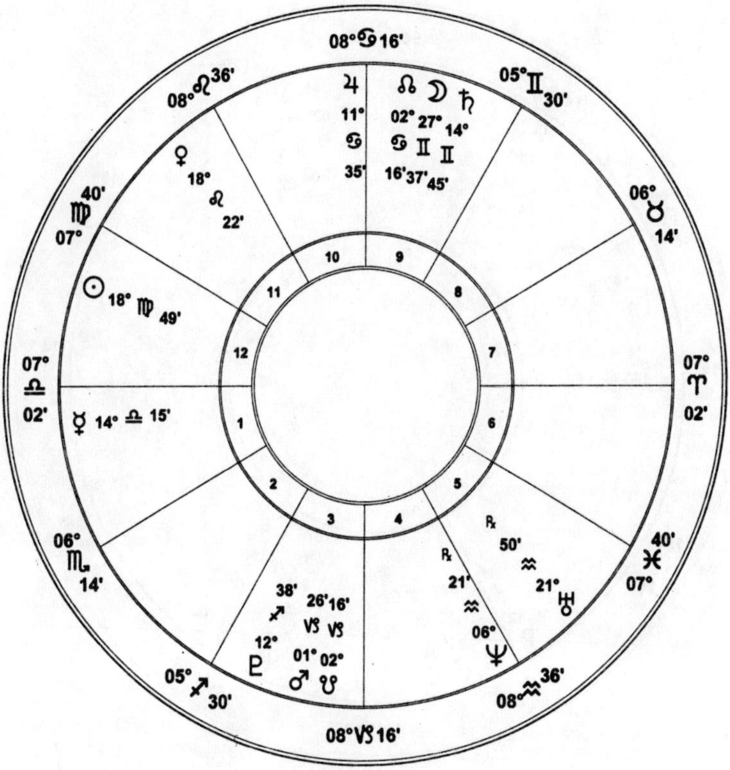

Figura 1

Hora de salida del vuelo 175
11 de septiembre de 2001,
Boston, Massachusetts 7:58 a.m. EDT.

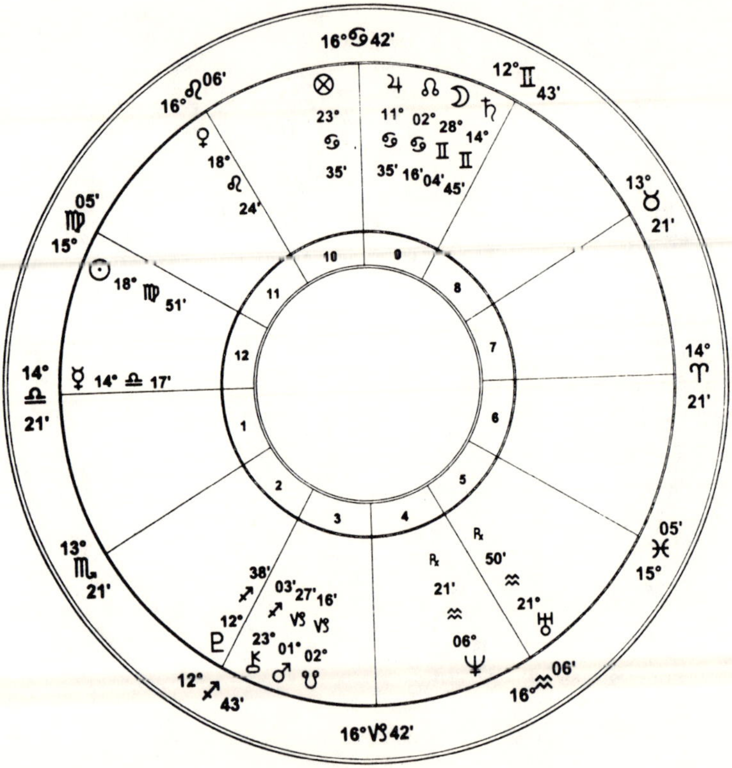

Figura 2

El primer avión choca contra el World Trade Center
11 de septiembre de 2001,
Manhattan, Nueva York, 8:46 a.m. EDT.

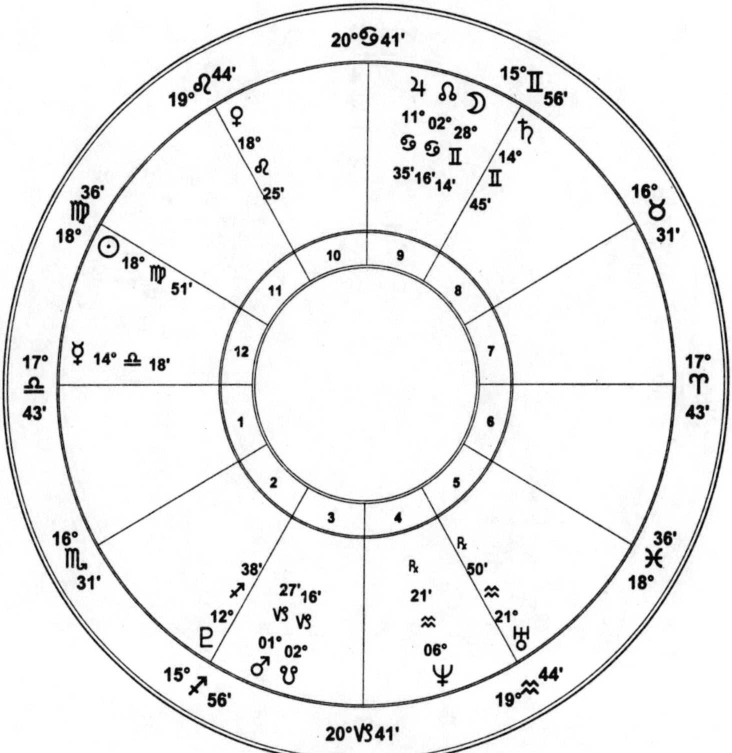

Figura 3

El segundo avión choca contra el World Trade Center
11 de septiembre de 2001,
Manhattan, Nueva York, 9:03 a.m. EDT.

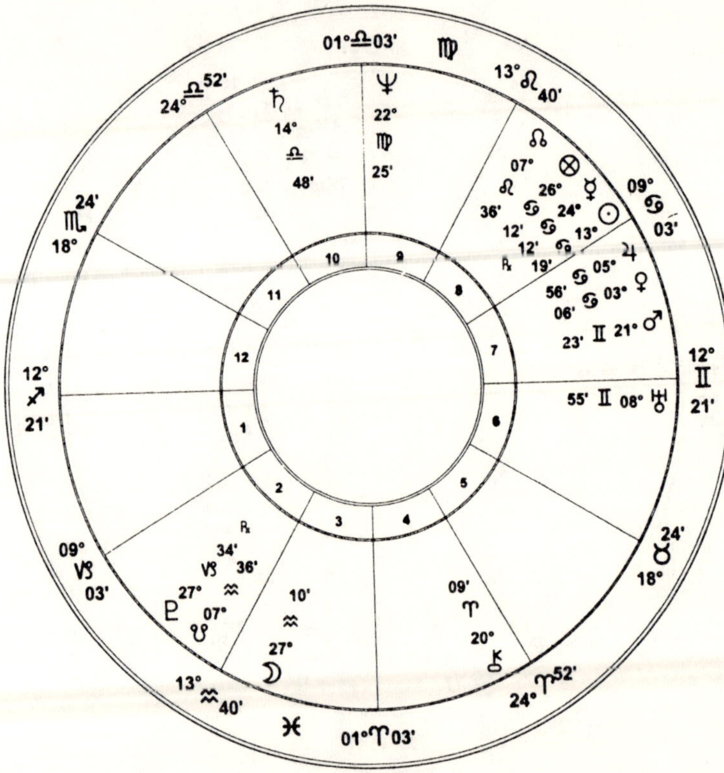

Figura 4

Carta de Estados Unidos 4 de julio de 1776,
Filadelfia, Pennsylvania 5:10 p.m. LMT.

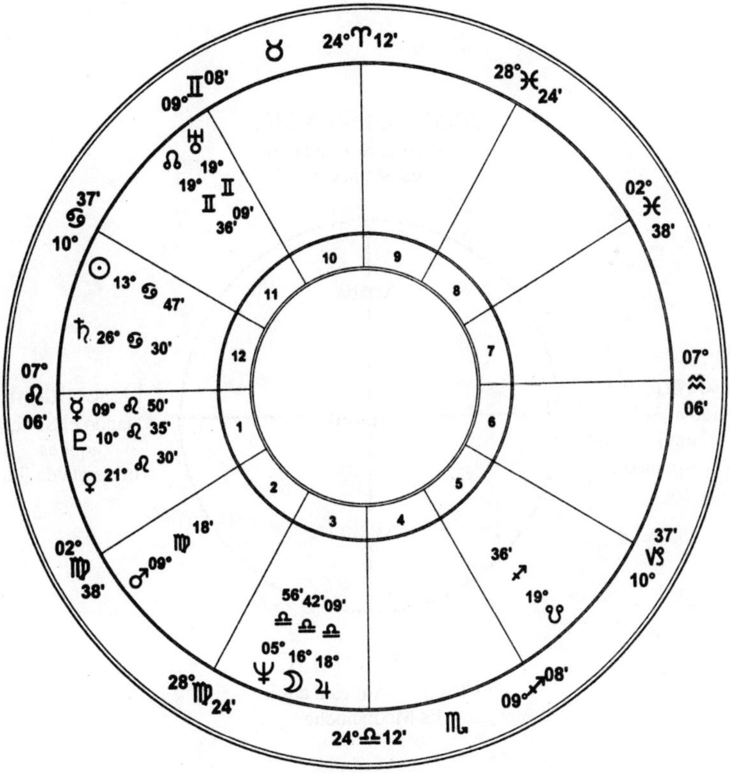

Figura 5

George W. Bush

6 de julio de 1945, New Haven, Connecticut

7:26 a.m. EWT.

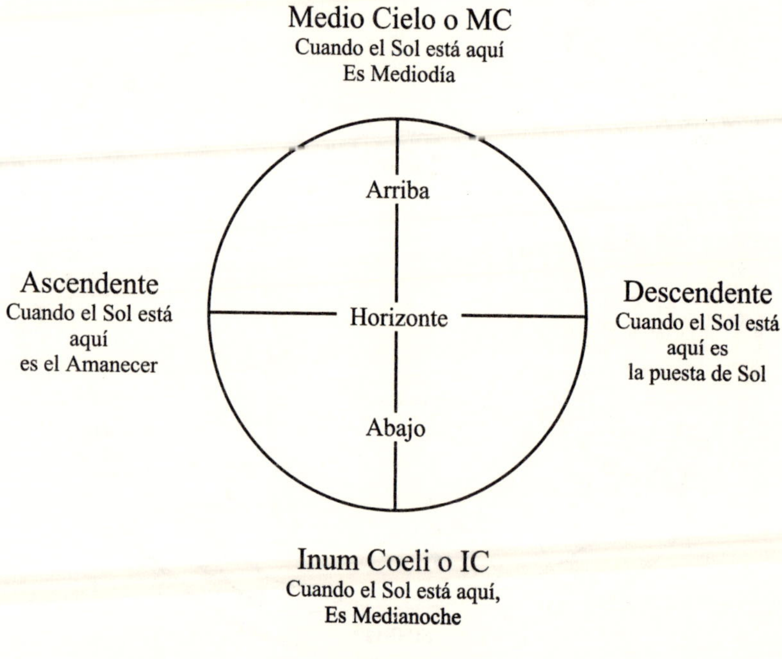

Figura 6

Círculo con ángulos
La ubicación de los ángulos en
una carta astrológica.

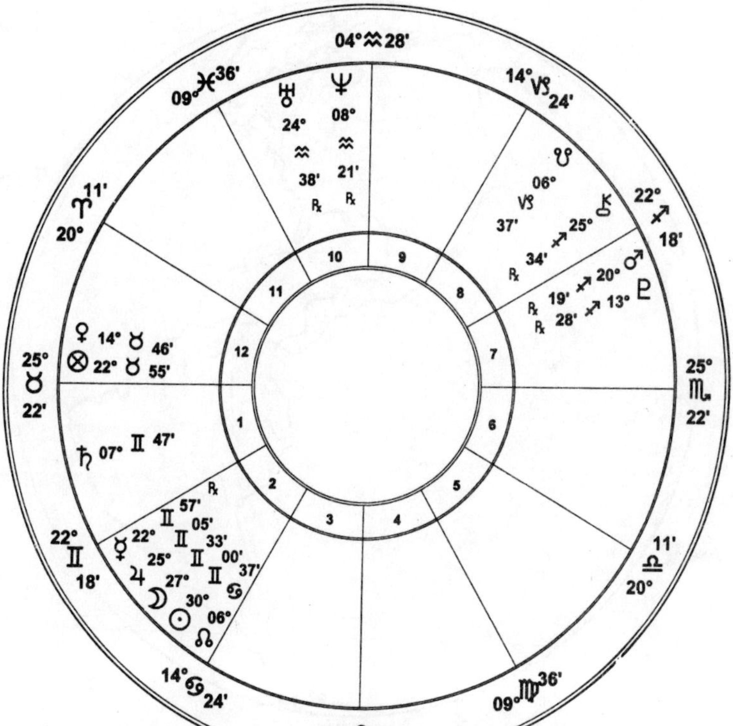

Figura 7

Ingreso del verano de 2001
21 de junio de 2001, Washington, D.C.,
3:37 a.m. EDT.

Figura 8

Ingreso de junio
Líneas del astromapa de Neptuno
para el ingreso del verano de 2001,
proyectadas en un globo.

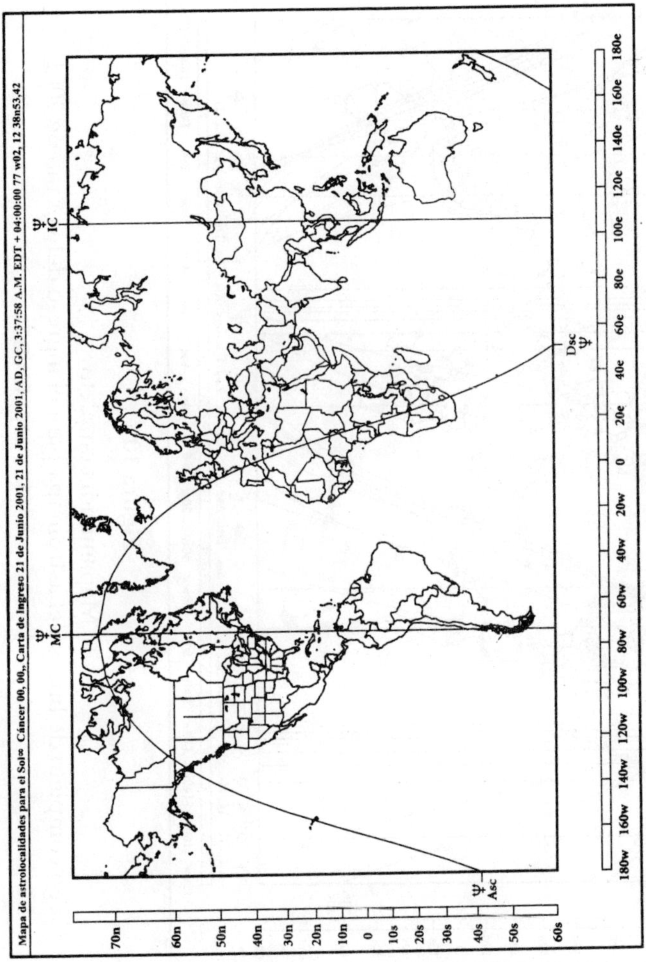

Figura 9

Mapa mundial de Neptuno

Líneas del astromapa de Neptuno para el ingreso del verano de 2001, proyectadas en un mapamundi.

AstroMapas generados
por software astrológico Janus.

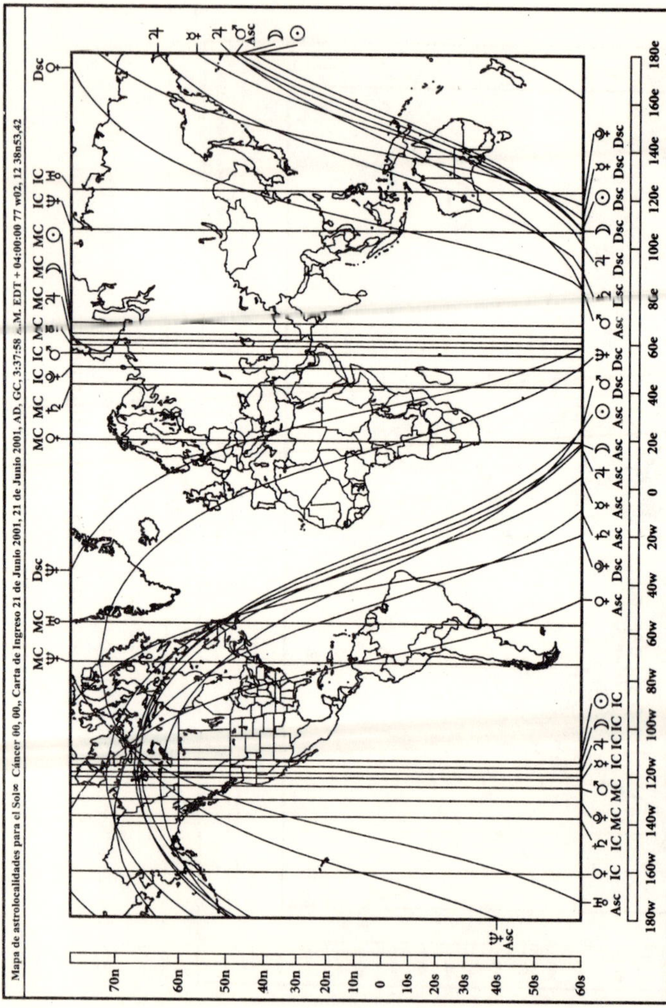

Figura 10

Mapamundi completo

Juego completo de líneas del astromapa para el ingreso del verano de 2001, proyectadas en un mapamundi.

AstroMapas generados
por software astrológico Janus.

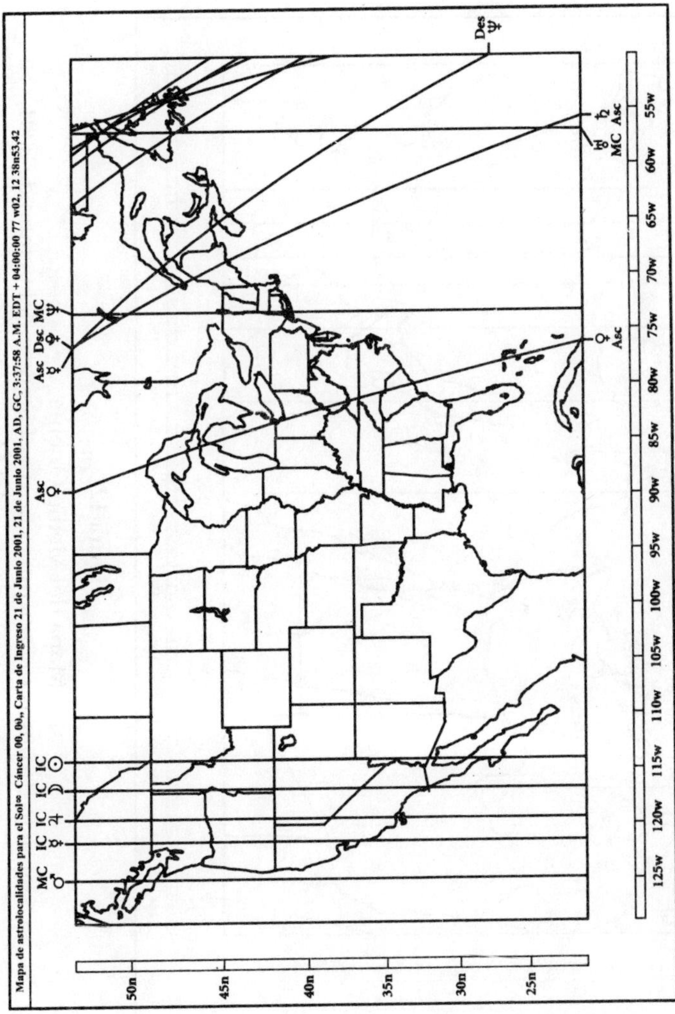

Figura 11

Mapa de Estados Unidos

Juego completo de líneas del astromapa para el ingreso del verano de 2001, proyectadas en un mapa de Estados Unidos.

AstroMapas generados
por software astrológico Janus.

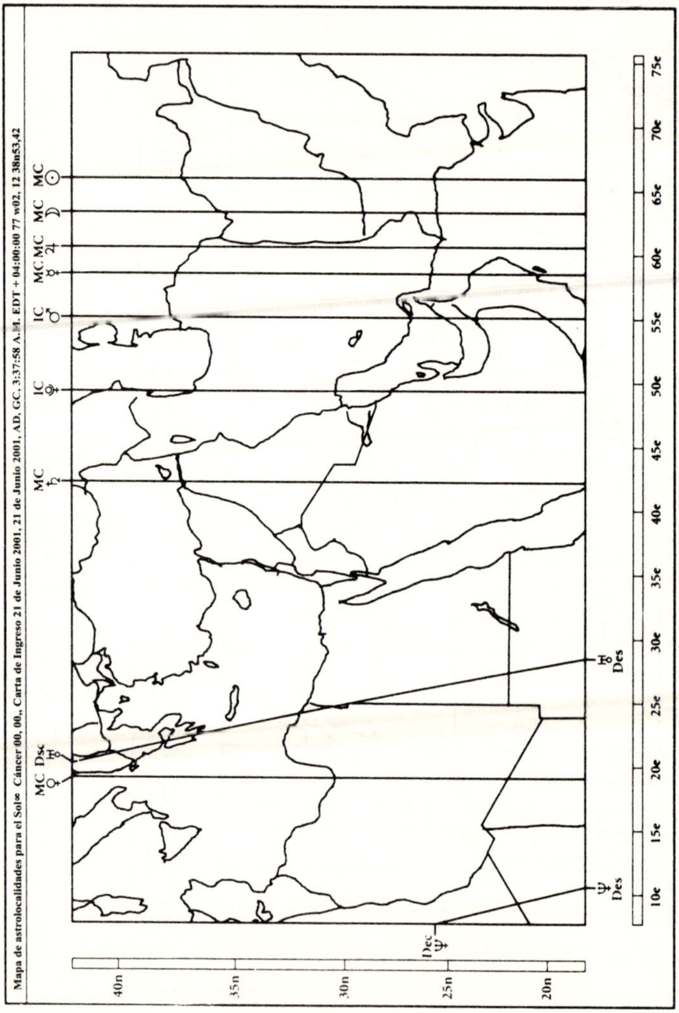

Figura 12
Mapa del Medio Oriente
Juego completo de líneas del astromapa para el ingreso del verano de 2001, proyectadas en un mapa del Medio Oriente.

AstroMapas generados
por software astrológico Janus.

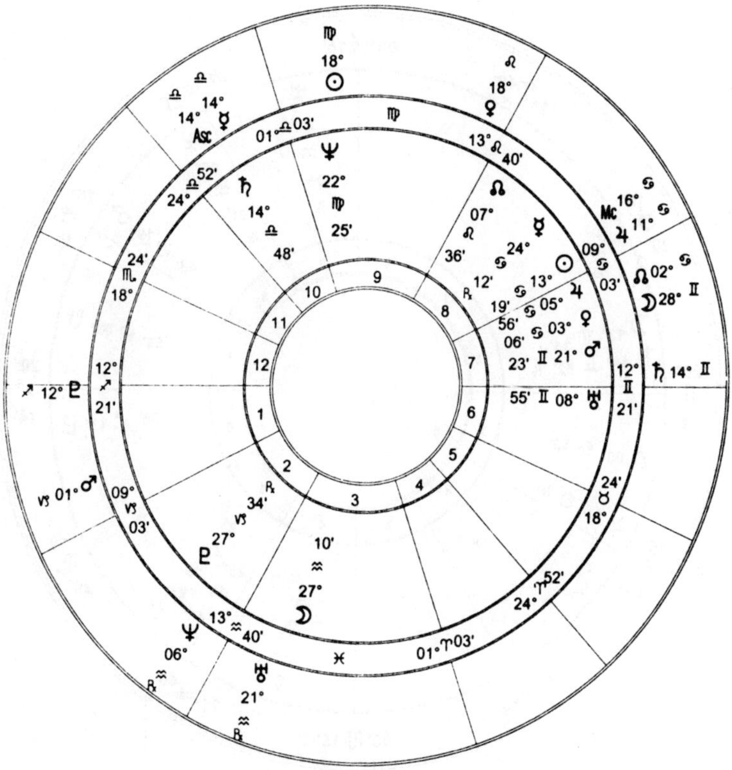

Figura 13

Carta de dos círculos de los Estados Unidos
y la primera colisión a las 8:46 a.m. EDT.

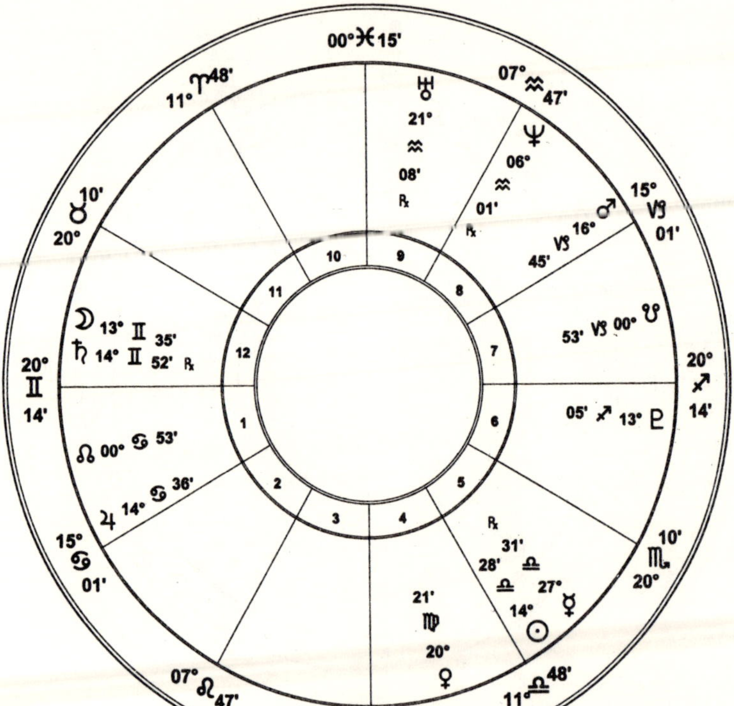

Figura 14

Contra-ataque de Estados Unidos
7 de octubre de 2001, 8:57 p.m. AFG.

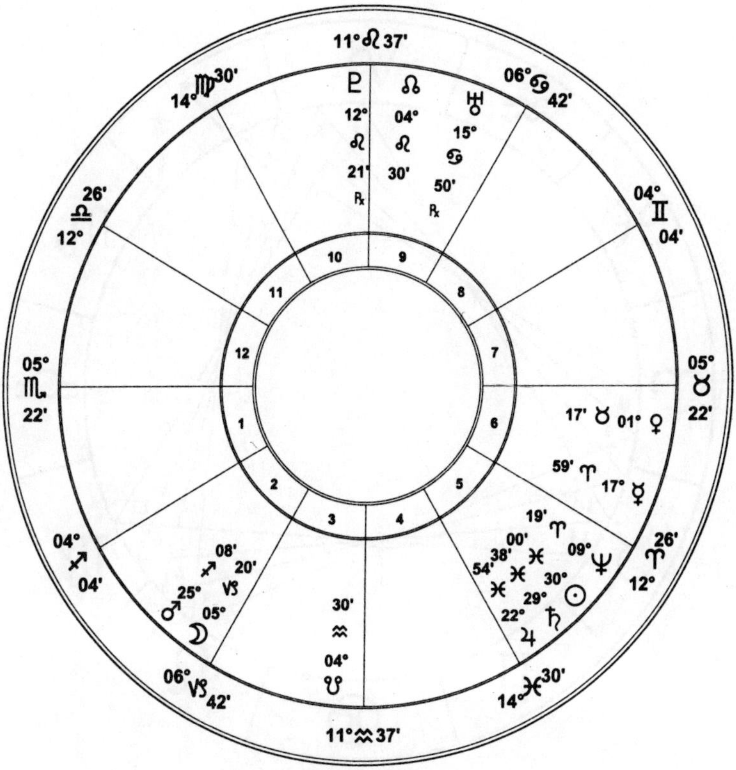

Figura 15

Era Moderna, 21 de marzo de 1702
Washington, D.C., 11 a.m. GMT.

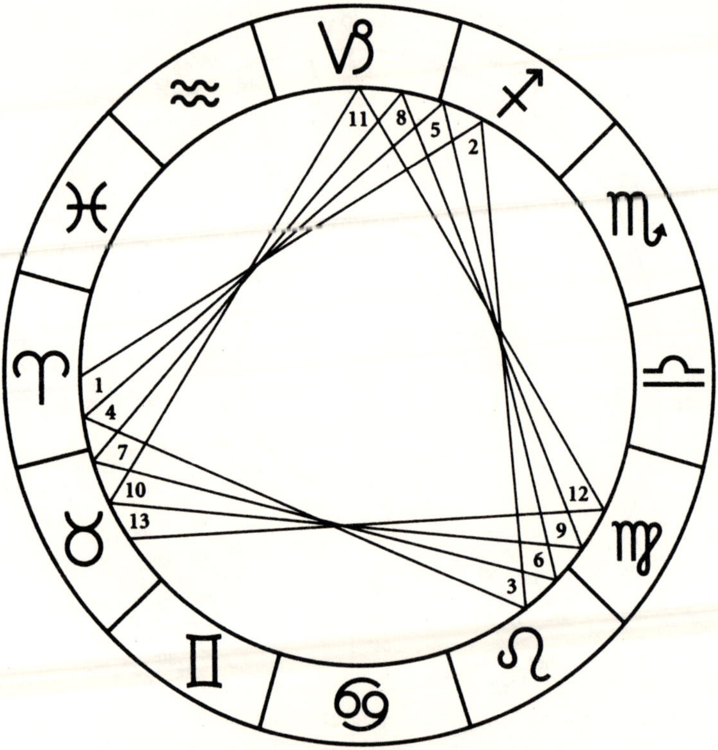

Figura 16

Ilustración del ciclo de Júpiter y Saturno
Ilustración del movimiento gradual de
las conjunciones de Júpiter y Saturno
a través de los signos.

Esta lista de datos de las cartas es adicional a las ilustraciones que se muestran aquí. Agradecemos a Lois Rodden y a Mark McDonough del Astrodatabank por la información tomada de su colección. Otros datos son claros en sí mismos (ingresos), o se encontraron mediante investigación en Internet.

1. Un avión se estrella en el Pentágono
   11 de septiembre de 2001, Washington D.C. 9:43 a.m.

2. Parte del Pentágono se derrumba
   10:01 a.m.

3. Se derrumba la primera torre del World Trade Center
   10:05 a.m.

4. El Vuelo 93 de United Airlines se estrella en Pennsylvania
   10:10 a.m.

5. Se derrumba la segunda torre del World Trade Center
   10:28 a.m.

6. Ataque anterior al World Trade Center
   26 de febrero de 1993, 12:18 p.m. EST 40N43,74W00

7. El Talibán ocupa Afganistán
   25 de abril de 1992, Kabul, Afganistán, 2:22 p.m. AFST

8. Primera piedra de la Casa Blanca
   31 de octubre de 1792, Washington, D.C.

9. Primera piedra del Capitolio
   18 de septiembre de 1793, Washington, D.C.

10. Se ocupa por primera vez el Pentágono
    29 de abril de 1942, 10:30 a.m. EWT 38N54, 77W02
    -libro ACS (38N52, 77W03 -Win*Star Plus/datos ACS

11. Inicia la construcción del Pentágono
    11 de septiembre de 1941

12. Colin Powell
    5 de abril de 1937, mediodía. Nueva York, Nueva York

13. Secretario de la Defensa Rumsfeld
    9 de julio de 1932, 5:40 p.m., Chicago, Illinois

14. Primeros tratos comerciales de NASDAQ
    8 de febrero de 1971, 10:00 a.m. EST, Nueva York, NY

15. Bolsa de Valores de Nueva York
    17 de mayo de 1792, mediodía, Nueva York, NY

16. Bolsa de Valores de Nueva York, constitución y nombre
    8 de marzo de 1817

17. Primer gobierno municipal de Manhattan
    12 de febrero de 1653, mediodía, Nueva Ámsterdam, NY

18. La ciudad de Nueva York consolida sus distritos
    1 de enero de 1898, 12:01 a.m., 40n46, 73W59

19. Estado de Israel
    14 de mayo de 1948, 4:37 p.m. EET, 34E46, 32N04, -2L00 zona de tiempo

20. Tony Blair
    6 de mayo de 1953, 6:10 a.m. BST, Edinburgo, Escocia

21. Vladimir Putin
    7 de octubre de 1952, 9:30 a.m. BAT, San Petesburgo, Rusia, 30E15, 59N55

22. Ingreso de la primavera de 1702
    21 de marzo de 1702, 2:11:40 a.m. GMT

23. Ingreso septiembre de 2001
    22 de septiembre, 2001, 7:04 p.m. EDT

24. Ingreso diciembre de 2001
    21 de diciembre de 2001, 2:23 p.m. EST

25. Ingreso marzo de 2002
    20 de marzo de 2002, 2:26 p.m. EST

26. Ingreso junio de 2002
    21 de junio de 2002, 9:24 p.m. EDT

27. Ingreso septiembre de 2002
    23 de septiembre de 2002, 23:55 a.m. EDT

28. Dick Cheney
    30 de enero de 1941, 7:30 p.m. CST, Lincoln, NE

TÍTULOS DE ESTA COLECCIÓN

Ataque a la Civilización. *Dra. Stephanie J. Clement*
Clonación ¿El Futuro de la Humanidad? *Varios*
Diccionario de Sueños Eróticos. *Solomon L. Gold*
Diccionario Gitano de los Sueños. *Raymond Buckland*
Diccionario Máximo de los Sueños. *Eili Goldberg*
El Continente Perdido de Mu. *Col. James Churchward*
El Libro Completo de los Vampiros. *N. Jackson*
El Proyecto Divino. *Robert Perala*
El Temible Mal de Ojo. *Marco Antonio Gómez Pérez*
Esoterismo. *Fortune Dion*
Fantasmas, Leyendas y Realidades. *Varios*
Fragmentos Originales del Necronomicón. *M. Bigliano*
Historias de Vampiros. *Nancy Kilpatrick*
La Atlántida. *J. M. Allen*
Las Más Famosas Leyendas de la Mitología. *Robina Fox*
Las Profecías de Nostradamus.
Las Profecías de Nostradamus y Dicccionario.
Las Profecías del ¿Juicio Final? *Varios*
Los Hijos de Mu. *Col. James Churchward*
Los Símbolos Sagrados de Mu. *Col. James Churchward*
Los OVNIs y la Aviación Mexicana. *Guzmán / Salazar*
Los Sueños. *Morfeo*
Los Sueños y sus Símbolos. *Marie Coupal*
Origen y Significado de los Nombres Propios. *G. Velázquez*
Relatos Verdaderos de Fantasmas. *Varios*
Ritos y Mitos de la Muerte en México y otras Culturas. *Gómez / Delgado*
Síndrome del Contactado. *Guzmán / Gómez / Domínguez*
Tiempo de Hienas. *Nestor Medina*
Tu Escritura, Quién y Cómo Eres. *Carmen Alfonso*
Un Mundo de Fábula. *Roberto Mares*

Impreso en Offset Libra

Francisco I. Madero 31

San Miguel Iztacalco,

México, D.F.